中国铁建股份有限公司企业标准

中低速磁浮交通工程测量规范

Engineering Survey Code for Medium and Low Speed Maglev Transit

Q/CRCC 32802—2019

主编单位：中铁第四勘察设计院集团有限公司
批准单位：中国铁建股份有限公司
施行日期：2020 年 5 月 1 日

人民交通出版社股份有限公司
2019 · 北京

图书在版编目（CIP）数据

中低速磁浮交通工程测量规范 / 中铁第四勘察设计院集团有限公司主编. — 北京：人民交通出版社股份有限公司，2019.12

ISBN 978-7-114-16093-6

Ⅰ. ①中… Ⅱ. ①中… Ⅲ. ①磁浮铁路—铁路工程—工程测量—技术规范 Ⅳ. ①U237-65

中国版本图书馆 CIP 数据核字（2019）第 280020 号

标准类型：中国铁建股份有限公司企业标准
标准名称：中低速磁浮交通工程测量规范
标准编号：Q/CRCC 32802—2019
主编单位：中铁第四勘察设计院集团有限公司
责任编辑：曲 乐 张 晓
责任校对：孙国靖 扈 婕
责任印制：张 凯
出版发行：人民交通出版社股份有限公司
地　　址：（100011）北京市朝阳区安定门外外馆斜街 3 号
网　　址：http：//www.ccpress.com.cn
销售电话：（010）59757973
总 经 销：人民交通出版社股份有限公司发行部
经　　销：各地新华书店
印　　刷：北京鑫正大印刷有限公司
开　　本：880×1230 1/16
印　　张：10
字　　数：206 千
版　　次：2019 年 12 月 第 1 版
印　　次：2019 年 12 月 第 1 次印刷
书　　号：ISBN 978-7-114-16093-6
定　　价：62.00 元
（有印刷、装订质量问题的图书，由本公司负责调换）

序　一

2016年5月6日，由中国铁建独家承建的我国首条中低速磁浮商业运营线——长沙磁浮快线开通试运营。长沙磁浮快线是世界上最长的中低速磁浮线，是我国磁浮技术工程化、产业化的重大自主创新项目，荣获我国土木工程领域工程建设项目科技创新的最高荣誉——中国土木工程詹天佑奖。长沙磁浮快线是中国铁建独创性采用“投融资+设计施工总承包+采购+研发+制造+联调联试+运营维护+后续综合开发”模式的建设项目，其建成标志着我国在中低速磁浮工程化应用领域走在了世界前列，也标志着中国铁建成为中低速磁浮交通的领跑者和代言人。

我国已进入全面建成小康社会的决定性阶段，正处于城镇化深入发展的关键时期，亟待解决经济发展、城市交通、能源资源和生态环境等问题，而中低速磁浮交通具有振动噪声小、爬坡能力强、转弯半径小等优势，业已成为市内中低运量轨道交通、市郊线路和机场线、旅游专线等的有力竞争者。以中低速磁浮交通为代表的新型轨道交通是中国铁建战略规划“7+1”产业构成中新兴产业、新兴业务重点布局新兴领域之一，也是中国铁建产业转型升级、打造“品质铁建”、实现高质量发展的切入点之一。2018年4月，中国铁建开展了中低速磁浮标准体系建设工作，该体系由15项技术标准组成，包括1项基础标准、9项通用标准和5项专用标准，涵盖勘察、测量、设计、施工、验收、运营和维护全过程、全领域；系列标准立足总结经验、标准先行、补齐短板、填补空白，立足系统完备、科学规范、国内一流、国际领先，立足推进磁浮交通技术升级、交通产业发展升级和人民生活品质提升。中低速磁浮系列标准的出版，必将为中国铁建新型轨道交通发展提供科技支撑力并提升中国铁建核心竞争力。

希望系统内各单位以中低速磁浮系列标准出版为契机，进一步提升新兴领域开拓战略高度，强化新兴业务专有技术培育，加快新兴产业标准体系建设，以为政府和业主提供综合集成服务方案为托手，以“旅游规划、基础配套、产业开发、交通工程勘察设计、投融资、建设、运营”一体化为指导，全面推动磁浮、单轨、智轨等新型轨道交通发展，为打造“品质铁建”做出新的更大贡献！

董事长：　　　　总裁：

中国铁建股份有限公司

2019年12月

序　二

建设更安全可靠、更节能环保、更快捷舒适的轨道交通运输系统，一直都是人类追求的理想和目标。为此，我国自20世纪80年代以来积极倡导、投入开展中低速常导磁浮列车技术的研究。通过对国外先进技术的引进、消化、吸收以及自主创新，利用高校、科研院所及设计院等企业的协调合作，我国逐步研发了各种常导磁浮试验模型车，建设了多条厂内磁浮列车试验线，实现了载人运行试验，标志着我国在中低速常导磁浮列车领域的研究已跨入世界先进国家的行列，并从基础性技术研究迈向磁浮产业化。

国内首条中低速磁浮商业运营线——长沙磁浮快线于2014年5月开建，开启了国内中低速磁浮交通系统从试验研究到工程化、产业化的首次尝试，实现了国内自主设计、自主制造、自主施工、自主管理的中低速磁浮商业运营线零的突破。建成通车时，我倍感欣慰，不仅是因为我的团队参与了建设，做出了贡献，更因为中低速磁浮交通走进了大众的生活，让市民感受到了磁浮的魅力，让国人的磁浮梦扬帆起航。

在我国磁浮技术快速发展的基础上，中国工程院持续支持了中低速磁浮、高速磁浮、超高速磁浮发展与战略研究三个重点咨询课题。三个课题详细总结了我国磁浮交通的发展现状、发展背景，给出了我国磁浮交通的发展优势、发展路径、发展战略等建议。同时，四年前，在我国已掌握了中低速磁浮交通的核心技术、特殊技术、试验验证技术和系统集成技术，并且具备了磁浮列车系统集成、轨道制造、牵引与供电系统装备制造、通信信号系统装备制造和工程建设的能力的大背景下，我联合多名中国科学院院士、中国工程院院士、大学教授署名了一份《关于加快中低速磁浮交通推广应用的建议》，希望中低速磁浮交通上升为国家战略新兴产业。

两年前，国内首条旅游专线——清远磁浮旅游专线获批开建，再次推动了中低速磁浮交通的产业化发展，拓展了其在旅游交通领域的应用。

现在，我欣慰地看到，第一批中国铁建中低速磁浮工程建设企业标准已完成编制，内容涵盖了工程勘察、设计、施工、验收建设全过程以及试运营、运营、检修维护全领域，结构合理、内容完整，体现了中低速磁浮交通标准体系的系统性和完整性，体现更严、更深、更细的企业技术标准要求。一系列标准的发布，凝聚了众多磁浮人的智慧结晶，对推动我国中低速磁浮交通事业的发展、实现“交通强国”具有重要的意义。

磁浮交通一直在路上、在奔跑，具有绿色环保、安全性高、舒适性好、爬坡能力强、转弯半径小、建设成本低、运营维护成本低等优点，拥有完全自主知识产权的中低速磁浮交通也是未来绿色轨道交通的重要形式。磁浮人应以国际化为目标，以产业化为支撑，以市场化为指导，以工程化为载体，实现我国磁浮技术的发展和应用。

作为磁浮交通科研工作者中的一员，我始终坚信磁浮交通有着广阔的发展前景，也必将成为我国轨道交通事业的“国家新名片”。

中国工程院院士：

2019年11月

中国铁建股份有限公司文件

中国铁建科技〔2019〕165 号

关于发布《中低速磁浮交通术语标准》等 15 项中国铁建企业技术标准的通知

各区域总部，所属各单位：

现批准发布《中低速磁浮交通术语标准》（Q/CRCC 31801—2019）、《中低速磁浮交通岩土工程勘察规范》（Q/CRCC 32801—2019）、《中低速磁浮交通工程测量规范》（Q/CRCC 32802—2019）、《中低速磁浮交通设计规范》（Q/CRCC 32803—2019）、《中低速磁浮交通信号系统技术规范》（Q/CRCC 33802—2019）、《中低速磁浮交通供电系统技术规范》（Q/CRCC 33803—2019）、《中低速磁浮交通接触轨系统技术标准》（Q/CRCC 33805—2019）、《中低速磁浮交通车辆基地设计规范》（Q/CRCC 33806—2019）、《中低速磁浮交通土建工程施工技术规范》（Q/CRCC 32804—2019）、《中低速磁浮交通机电工程施工技术规范》（Q/CRCC 32805—2019）、《中低速磁浮交通工程施工质量验收标准》（Q/CRCC 32806—2019）、《中低速磁浮交通试运营基本条件》（Q/CRCC 32807—2019）、《中低速磁浮交通车辆检修规程》（Q/CRCC 33804—2019）、《中低速磁浮交通运营管理规范》（Q/CRCC 32809—2019）和《中低速磁浮交通维护规范》（Q/CRCC 32808—2019），自 2020 年 5 月 1 日起实施。

15 项标准由人民交通出版社股份有限公司出版发行。

中国铁建股份有限公司

2019 年 11 月 18 日

中国铁建股份有限公司办公厅　　2019 年 11 月 18 日印发

前　言

根据中国铁建股份有限公司《关于下达中国铁建中低速磁浮工程建设标准编制计划的通知》（中国铁建科设〔2018〕53 号），组织编制《中低速磁浮交通工程测量规范》。规范编制组经广泛调查研究，认真总结中低速磁浮交通工程实践经验，参考有关国内外相关标准，并在广泛征求意见的基础上，编制本规范。

本规范共分 13 章，主要技术内容包括：1 总则；2 术语和符号；3 平面控制测量；4 高程控制测量；5 地形测绘；6 专项调查与测绘；7 线路测量；8 低置结构施工测量；9 地下结构施工测量；10 高架结构施工测量；11 轨排及道岔施工测量；12 施工期变形监测；13 运营及养护维修测量；另有 5 个附录。

本规范由中国铁建股份有限公司科技创新部负责管理，由中铁第四勘察设计院集团有限公司负责具体技术内容的解释。在执行过程中，请各单位结合工程建设实践，认真总结经验，如有意见或者建议，请寄送中铁第四勘察设计院集团有限公司（地址：湖北省武汉市武昌区和平大道 745 号，邮编：430063），以供今后修订时参考。

主 编 单 位： 中铁第四勘察设计院集团有限公司

参 编 单 位： 西南交通大学
中铁第一勘察设计院集团有限公司
中铁第五勘察设计院集团有限公司
中铁十一局集团有限公司
中铁磁浮交通投资建设有限公司

主要起草人员： 曹成度　滕焕乐　杨雪峰　冯光东　刘成龙　夏艳军　汤建凤
梁　旺　闵　阳　董　伟　饶　雄　刘国雄　付宏平　武瑞宏
李伟强　金国清　李海亮　刘云东　刘　敏　漆玉祥　陈光金
王　鹏　李　雷　王作钰　胡晓斌　马　嵩

主要审查人员： 王长进　卢建康　任晓春　张金龙　张立青　邹进贵　徐亚明
吴北平　吴迪军　何金学　王暖堂　张献州　张银虎

目　次

Contents

1　总则

1.0.1　为统一中低速磁浮交通工程测量的技术要求，使测量成果质量满足勘测、设计、施工、运营维护测量工作的要求，遵循技术先进、经济合理、质量可靠和安全适用的原则，制定本规范。

1.0.2　本规范适用于最高运行速度不超过120km/h的中低速磁浮交通工程测量，120～160km/h的中低速磁浮交通工程测量可参照执行。

条文说明

中低速磁浮交通工程由于采用轨排结构，轨排的安装、精调及运营维护的精度要求，决定了整个工程测量控制网的精度体系，因此工程测量要求不同于城市轨道交通及相应速度的铁路。

1.0.3　中低速磁浮交通工程测量应采用基于2000国家大地坐标系（CGCS2000）的参考椭球或所在城市测量基准的工程独立坐标系，在对应线路轨排设计高程面上的投影长度变形值不宜大于15mm/km。

条文说明

对于线路轨道面平均高程的边长投影长度变形和高斯投影长度变形的综合投影变形值，高速铁路及无砟轨道工程选择投影变形值宜不大于10mm/km，城市轨道交通工程选择投影变形值宜不大于15mm/km，中低速磁浮交通参考这两个规范在工程中的实际应用。中低速磁浮工程的CFⅢ控制点的间距为20～50m，1km范围内有20～50站，为满足每个CFⅢ范围内的全站仪测量长度误差小于1mm，投影变形值宜不大于15mm/km。

很多大型城市有自己的独立城市控制网，城市轨道交通工程很多采用城市独立坐标系。随着国家的全球导航卫星系统GNSS B级网的建成，国家测绘主管部门规定2018年7月1日起全面使用2000国家大地坐标系（CGCS2000）。中低速磁浮工程为城市轨道交通的一部分，一般建在城区附近，有条件的直接使用2000国家大地坐标系坐标系。

1.0.4　中低速磁浮交通工程测量的高程系统应采用1985国家高程基准或所在城市的

高程系统。

条文说明

1985 国家高程基准是全国统一使用的国家高程基准。城市轨道交通、铁路及其他大型市政工程交叉频繁，为了准确测量中低速磁浮工程与相交结构物的高程关系，因此本条规定高程系统采用 1985 国家高程基准。很多大型城市有自己独立的高程系统，城市轨道交通工程很多采用城市独立高程基准，有条件的应直接采用国家统一的高程基准。

1.0.5 平面控制网宜在框架控制网（CF 0）基础上按三级布设，第一级为基础平面控制网（CFⅠ），第二级为线路平面控制网（CFⅡ），第三级为轨排平面控制网（CFⅢ）。

条文说明

本条规定按分级布网的原则把平面控制网在框架控制网（CF 0）基础上分三级布设，第一级为基础平面控制网，第二级为线路平面控制网，第三级为轨排平面控制网。各级平面控制网的作用为：

（1）基础平面控制网（CF Ⅰ）主要为勘察设计、施工、运营维护提供坐标基准。

（2）线路平面控制网（CF Ⅱ）主要为勘察设计和施工提供坐标基准。

（3）轨排平面控制网（CF Ⅲ）主要为轨排及附属设施施工、运营维护提供平面基准。

1.0.6 高程控制网分两级布设。第一级为线路水准基点控制网，为工程勘察、设计、施工提供高程基准；第二级为轨排高程控制网（CF Ⅲ），为轨排及附属设施施工、运营维护提供高程基准。

1.0.7 各阶段平面、高程控制网测量完成后，应由建设单位组织评估和验收。

1.0.8 测量精度应以中误差衡量，规定极限误差为中误差的 2 倍。

条文说明

极限误差简称“限差”，根据偶然中误差出现的规律，以 2 倍中误差作为极限误差，其出现的或然率不大于5%，这样的规定是合理的，也是我国工程测量普遍采用的指标。

1.0.9 测量记录、计算过程、成果和图表，应书写清楚，签署完整，并应经过复核和检算，未经复核和检算的资料禁止使用。各种测量原始记录、计算过程、成果和图表应按有关规定妥善保存。

条文说明

在中低速磁浮交通工程测量中，对采用的测量成果进行检核是保证测量成果质量的关键，所以本规范规定，对工程中所引用的测量成果资料，均需进行检核。测量原始记录包括手工记录、磁卡记录原始数据及电脑记录等。

1.0.10 中低速磁浮交通工程测量工作应认真贯彻安全生产的方针，结合各阶段工作的特点和具体情况，制订相应的安全生产措施。

1.0.11 各种测量仪器和工具应做好经常性的保养和维护工作，并定期检定和经常检校。

1.0.12 中低速磁浮交通工程测量应采用安全可靠、技术先进、经济合理的方法，并逐步实现标准化。

1.0.13 中低速磁浮交通工程测量除应符合本规范外，尚应符合国家现行有关标准和中国铁建现行有关技术标准的规定。

2 术语和符号

2.1 术语

2.1.1 中低速磁浮交通 medium and low speed maglev transit

采用直线异步电机驱动，定子设在车辆上的常导磁浮轨道交通。

2.1.2 轨排 track panel

由F型导轨、轨枕、连接件及紧固件等组成，是中低速磁浮线路的基本单元。

2.1.3 工程独立坐标系 independent coordinate system of engineering

根据工程需要，采用指定参考椭球、中央子午线、投影带宽和高程投影面，以高斯投影或其他投影方式建立的平面直角坐标系。

2.1.4 框架控制网（CF 0） frame control network

采用卫星定位测量方法建立的空间直角坐标控制网，作为全线（段）的坐标起算基准。

2.1.5 基础平面控制网（CF Ⅰ） basic horizontal control network

在框架控制网（CF 0）的基础上，沿线路走向布设，按卫星静态相对定位原理建立，为线路平面控制网（CF Ⅱ）和轨排控制网（CF Ⅲ）提供坐标基准。

2.1.6 线路平面控制网（CF Ⅱ） route horizontal control network

在基础平面控制网（CF Ⅰ）的基础上，沿线路附近布设，为施工和轨排控制网（CF Ⅲ）测量提供坐标基准。

2.1.7 轨排控制网（CF Ⅲ） track panel control network

沿线路布设的平面、高程三维控制网，为轨排及其附属设施施工、运营维护提供控制基准。

2.1.8 边角控制网 triangulateration control network

由方向和边长观测构成的二维或三维控制网。

2.1.9 全圆方向距离观测法 method of direction and distance observation in rounds

采用全站仪一次照准进行边角控制网中的方向和距离观测值同时测量的一种方法，要求进行半测回归零和多测回观测。

2.1.10 线路水准基点 benchmark along route

沿线路敷设的首级高程控制点，作为中低速磁浮交通工程勘察、设计、施工及运营维护的高程基准。

2.1.11 深埋水准点 benchmark of deep buried

沿线路走向根据地面沉降及地质情况，埋设在相对稳定的持力层上的深层水准点。

2.1.12 基岩水准点 benchmark into bedrock

埋设在地壳基岩层上的稳定水准点。

2.1.13 精密水准测量 precise leveling

测量精度介于二等、三等水准测量之间的水准测量，主要用于轨排控制网（CF Ⅲ）高程测量和轨排施工测量。

2.1.14 机载激光雷达 airborne LiDAR

在航空平台上，集成激光雷达、定位定姿系统（POS）、数码相机和控制系统所构成的对地测量综合系统。

2.1.15 数码航空摄影测量 digital aerial photogrammetry

数码航空摄影测量指的是在航空平台上用数码航摄仪器对地面连续摄取像片，结合地面控制点测量、调绘和立体测绘等步骤，绘制出地形图的测量方法。

2.1.16 数字正射影像图（DOM） digital orthophoto map

利用数字高程模型将扫描数字化的或直接以数字方式获取的航空像片或航天影像，经数字微分纠正、数字镶嵌，再根据图幅范围裁切生成的影像数据集。

2.1.17 数字高程模型（DEM） digital elevation model

数字高程模型是通过有限的地形高程数据实现对地面地形的数字化模拟，即地形表面形态的数字化表达，它是用一组有序数值阵列形式表示地面高程的一种实体地面模型。

2.1.18 专项调查与测绘 special investigation surveying and mapping

在设计阶段进行的沿线建筑、管线、水域、房屋拆迁和勘测定界等调查测绘工作。

2.1.19 工点地形图 topographic map of construction site

为地下结构、低置结构、高架结构和站场等工程设计提供的局部大比例尺地形图。

2.1.20 中线测量 center line survey

将设计的中低速磁浮线路中心线详细测设到地面的工作。

2.1.21 限界 gauge

保障中低速磁浮交通安全运行、限制车辆断面尺寸、限制沿线设备安装尺寸及确定建筑结构有效净空尺寸的图形及相应定位坐标参数。根据功能要求，分为车辆限界、设备限界和建筑限界。

2.1.22 低置结构 at-ground structure

路基与设置在路基之上的承轨梁组成的结构物。

2.1.23 承轨梁 supporting-track beam

设置在隧道、路基或桥梁上，用于支承轨道结构，安装接触轨，实现中低速磁浮车辆抱轨运行的结构物。

2.1.24 沉降评估 settlement evaluation

根据沉降观测数据，结合地质条件、地基处理措施，综合分析评价路基、桥涵、隧道等建（构）筑物沉降是否满足要求的过程。

2.1.25 洞外控制测量 control survey outside tunnel

为保证隧道贯通，在隧道洞外进行的全隧道范围的平面、高程控制测量。

2.1.26 洞内控制测量 control survey inside tunnel

为保证隧道贯通，在隧道洞内进行的平面、高程控制测量。

2.1.27 竖井联系测量 shaft connection survey

隧道施工测量中，将洞外控制网的坐标、方向和高程通过竖井传递到洞内的测量。

2.1.28 贯通误差 breakthrough error

隧道贯通时，在贯通面处的坐标、方向和高程的误差。

2.1.29 F 型导轨 F type rail

一种承受磁浮车辆悬浮力、导向力及牵引力的基础构件，由 F 型钢和感应板组成。

2.1.30 轨距 track gauge

轨道两侧 F 型导轨悬浮检测面中心线之间的距离。

2.1.31 中低速磁浮道岔 turnout for medium and low speed maglev transit

中低速磁浮线路的转线设备，由主体结构、驱动、锁定、控制等部分组成。其主体结构梁由三段钢结构梁构成，每段钢结构梁依次围绕三个实际点旋转实现转线。按照结构组成和功能状态，可分为单开道岔、对开道岔、三开道岔、多开道岔、单渡线道岔及交叉渡线道岔。

2.1.32 承轨台 support rail bed

支承和固定轨排，并将列车荷载传向承轨结构的一种现浇钢筋混凝土结构，是轨道结构的组成部分。

2.1.33 道岔梁 turnout beam

道岔上用于固定导轨和接触轨的可转动轨道钢结构梁。

2.1.34 垛梁 buttress girder

在混凝土梁和道岔梁之间起过渡连接作用的固定钢梁。

2.1.35 工后沉降 post-construction settlement

磁浮轨排铺设完成以后，基础设施产生的沉降量。

2.1.36 变形监测 deformation monitoring

对中低速磁浮工程本体、周边环境、支护结构和周围岩土体等监测对象的竖向、水平、倾斜等变化所进行的量测工作。

2.1.37 监测点 monitoring point

直接或间接设置在监测对象上，并能反映监测对象力学或变形特征的观测点。

2.2 符号

a——固定误差

b——比例误差系数

σ——GNSS 基线长度中误差

DS05、DS1、DS3——水准仪精度等级

D——水平距离

m_D——测距中误差

m_β——测角中误差

m_{α}——方位角中误差

f_{β}——附合导线或闭合导线角度闭合差

W——水准环线高差闭合差

L——水准路线的测段长或环线周长

M_{Δ}——每千米水准测量的偶然中误差

M_{W}——每千米水准测量的全中误差

N——附合导线或闭合导线环的个数

R——地球平均曲率半径

P——观测值的权

S——斜边长度

H_{m}——平均高程

h——高差

Δ——测段往返测高差不符值

3　平面控制测量

3.1　一般规定

3.1.1　中低速磁浮交通工程平面控制网可采用 GNSS 卫星定位和边角网等控制测量方法进行施测。

条文说明

目前全球的卫星导航定位系统包含美国的全球定位系统 GPS、中国的北斗卫星导航系统 BDS、俄罗斯的格洛纳斯 GLONASS、欧洲的伽利略卫星导航系统 GALILEO，因此本规范引入卫星定位 GNSS 控制测量概念，代替单一的 GPS 测量。

随着全站仪的普及，目前单一的测角网或者测边网已很少使用，地面平面控制网大多采用边角同步观测的形式，所以使用全站仪边角同步观测的网统称为边角平面控制网。

3.1.2　采用卫星定位控制测量的平面控制网精度等级依次为一等、二等、三等、四等、五等；采用边角网控制测量的平面控制网精度等级依次为二等、三等、四等和一级、二级。

条文说明

平面控制网分级布网体现了控制测量从整体到局部的原则。其一使各级控制网具有可重复测量的条件，便于控制网复测及恢复；其二能分级消化系统误差，使系统误差不累积；其三便于分段施工测量；其四能够控制带状平面控制网的横向摆动。

在 GNSS 的精度等级中，一等网主要用于框架控制网（CF 0）测量；二等网主要用于基础平面控制网（CF Ⅰ）测量，以及复杂特大桥施工控制网测量和有特殊要求地下结构的平面控制网测量；三等网主要用于线路平面控制网（CF Ⅱ）和特大桥施工控制网测量；四等网主要用于施工控制测量；五等网主要用于线路勘察、中线、地形和低精度施工测量时的控制点加密。

在边角网的精度等级中，二等网主要用于替代基础平面控制网（CF Ⅰ）GNSS 无法观测时的平面控制测量；三等网主要用于地下结构施工的平面控制测量和洞内 CF Ⅱ控制网测量；四等网主要用于施工控制测量；一、二级网主要用于线路勘察、中线、地形和低精度施工测量时的控制点加密。

3.1.3 平面控制网布设应遵循下列原则：

1 控制网布设应遵循因地制宜、技术经济合理、确保质量的原则，实现工程定位的目的。应与国家或地方坐标系统联测，满足设计转换的需求，联测前进行联测方案设计。

2 各级控制网的精度等级，应根据中低速磁浮交通工程类型、轨道结构、工程规模、控制网的用途和要求合理确定。

3 增设或补设控制点可同精度内插。

条文说明

随着科学技术的发展，测量仪器和计算手段都得到了相应的提高，因此，加密控制网时不再强调逐级布网，重点考虑的是控制点的相对精度。只要满足中低速磁浮线路工程控制测量的精度要求，各级加密控制网可同精度内插。所谓的同精度内插，就是固定加密点或更新点周边的同级精度控制点的坐标或高程，利用加密测量的观测值，通过平差的方法得到加密点或更新点的坐标或高程。

3.1.4 基础平面控制网 CF Ⅰ 宜每隔 20km 左右联测一个上级控制网点，联测的上级控制点的数量不应少于三个，分别位于线路的起点、中部和终点附近。上级控制网点可为 CF 0、国家 B 级及以上控制点或城市连续运行参考站（CORS）。

3.2 卫星定位控制网测量

3.2.1 采用全球导航卫星系统（GNSS）建立的卫星定位控制网测量的精度等级划分及主要技术指标，应符合表 3.2.1 的规定。

表 3.2.1 卫星定位控制网测量的主要技术要求

等级	固定误差 a（mm）	比例误差系数 b（mm/km）	约束平差后最弱边方位角中误差（″）	约束点间精度		约束平差后最弱边边长相对中误差
				方位角中误差（″）	边长相对中误差	
一等	≤5	≤1	1.0	0.6	1/500 000	1/250 000
二等	≤5	≤2	1.3	1.0	1/250 000	1/180 000
三等	≤5	≤3	1.7	1.3	1/180 000	1/100 000
四等	≤6	≤4	2.0	1.7	1/100 000	1/70 000
五等	≤10	≤5	3.0	2.0	1/70 000	1/40 000

注：当边长短于 500m 时，一等、二等、三等边长中误差应小于 5mm，四等边长中误差应小于 7.5mm，五等边长中误差应小于 10mm。

条文说明

采用全球导航卫星系统（GNSS）建立的卫星定位控制网的精度分级是在充分考虑卫星测量精度高、布网灵活性强、相邻等级网的布网方法、测量方法和观测时间没有太大差异的前提下，根据中低速磁浮交通工程对测量精度的需要和中低速磁浮交通工程卫星测量网带状布设，长、短边边长悬殊等特点并参考现行行业标准《铁路工程测量规范》（TB 10101）划分的。

（1）关于 GNSS 测量中固定误差 a 与比例误差系数 b。

综合现行国家标准《工程测量规范》（GB 50026）及铁路卫星定位测量实践经验，固定误差 a 与比例误差系数 b 应随精度等级变化而制定，而不应只考虑仪器的标称精度。

（2）关于约束平差后基线边方位角中误差和最弱边边长中误差的确定。

结合现行行业标准《铁路工程测量规范》（TB 10101）逐级控制的原则，并结合 CF Ⅲ的精度要求进行制定。

（3）最弱边方位角中误差一般均指约束平差后的精度，所以表 3.2.1 中进一步明确名称为约束平差后最弱边方位角中误差。

（4）关于基线长度短于 500m 时边长中误差的规定。

由于 GNSS 测量存在固定误差，对于短基线很难满足表 3.2.1 中基线边方位角中误差及约束平差后最弱边边长相对中误差要求。因此对于短于 500m 的基线，按“一、二、三等边长中误差应小于 5mm，四等边长中误差应小于 7.5mm，五等边长中误差应小于 10mm”的要求执行，不需再满足表 3.2.1 中基线边方位角中误差及约束平差后最弱边边长相对中误差要求。

3.2.2 各等级控制网相邻点间基线长度中误差应按下式计算：

$$\sigma = \pm\sqrt{a^2 + (b \cdot d)^2} \tag{3.2.2}$$

式中：σ——基线长度中误差（mm）；

a——固定误差（mm）；

b——比例误差系数（mm/km）；

d——相邻点间距离（km）。

3.2.3 卫星定位控制网设计应符合下列规定：

1 控制网测量方案应根据用途、预期精度、作业时卫星的可见性、成果的可靠性和参加作业的接收机台数等条件进行设计。

2 控制网应由一个或若干个独立观测环构成，各等级控制网同步图形之间的连接应采用边联式或网联式，宜布设成三角形网或大地四边形网。

3.2.4 卫星定位控制网测量作业的基本技术要求应符合表 3.2.4 的规定。

表 3.2.4 卫星定位控制网测量作业的基本技术要求

项目		等级				
		一等	二等	三等	四等	五等
接收机类型		双频	双频	双频	双频/单频	双频/单频
接收机标称精度		$5mm+1\times10^{-6}\times D$	$5mm+2\times10^{-6}\times D$	$5mm+3\times10^{-6}\times D$	$6mm+4\times10^{-6}\times D$	$10mm+5\times10^{-6}\times D$
静态测量	卫星高度角（°）	≥15	≥15	≥15	≥15	≥15
	有效卫星数	≥4	≥4	≥4	≥4	≥4
	有效时段长度（min）	≥240	≥90	≥60	≥45	≥40
	观测时段数	≥3	≥2	1～2	≥1	≥1
	数据采样间隔（s）	10～20	10～20	10～20	10～20	10～20
	PDOP 或 GDOP	≤6	≤6	≤8	≤10	≤10

注：观测时段数 1～2 是指至少 50% 的控制点观测 2 个时段。

条文说明

时段长度进一步明确为有效时段长度，即保证所有 GNSS 接收机同步同时观测时间的长度。

3.2.5 卫星定位控制网的基线质量应符合表 3.2.5 的规定。

表 3.2.5 基线质量检验限差

检验项目	限差要求			
	X 坐标分量闭合差	Y 坐标分量闭合差	Z 坐标分量闭合差	环线全长闭合差
闭合环或附合路线（mm）	$W_X\leqslant3\sqrt{n}\sigma$	$W_Y\leqslant3\sqrt{n}\sigma$	$W_Z\leqslant3\sqrt{n}\sigma$	$W\leqslant3\sqrt{3n}\sigma$
重复观测基线长度较差（mm）	$d_s\leqslant2\sqrt{2}\sigma$			
同一时段观测值数据剔除率	≤10%			

注：1. σ 为相应等级规定的基线长度中误差，n 为闭合环边数。
2. 当环由长短悬殊的边组成时，宜按边长和等级规定的精度计算每条边的 σ，并计算环闭合差的精度，以代替表中的 $\sqrt{n}\sigma$ 计算环闭合差的限差。

条文说明

同步环闭合差理论上应为零，因为目前商业软件基本上采用单基线解，每条基线解算的数学模型可能不同，再加上观测和数据处理没有严格时间同步，所以并不是严格意义上的同步环。根据现行行业标准《高速铁路工程测量规范》（TB 10601）和《铁路工程测量规范》（TB 10101）施行以来的实践经验，认为国家 GNSS 测量规范中对同步环闭合差要求太严，实际上很难满足，而对异步环闭合差要求太宽很容易满足。鉴于此，本规范不再保留同步环闭合差要求，均统一按闭合环闭合差要求，并且调整了闭合差的限差。

3.2.6 基线质量检核符合要求后，应以三维基线向量及其方差—协方差阵作为观测信息，以一个点的CGCS2000或WGS-84坐标系的三维坐标为起算数据，进行控制网的三维无约束平差，并提供空间直角坐标、基线向量及其改正数和精度信息。无约束平差的基线向量改正数绝对值应满足下式的要求：

$$
\begin{aligned}
V_{\Delta X} &\leqslant 3\sigma \\
V_{\Delta Y} &\leqslant 3\sigma \\
V_{\Delta Z} &\leqslant 3\sigma
\end{aligned}
\tag{3.2.6}
$$

σ 按本规范公式（3.2.2）计算，其中 a、b 值应符合本规范表3.2.1中相应等级规定，d 取各时段基线长度平均值（以km为单位计算）。

条文说明

基线向量改正数的绝对值限差的提出，是为了对基线观测量进行粗差检验。无约束平差基线向量各分量改正数限差参照现行国家标准《全球定位系统（GPS）测量规范》（GB/T 18314）和《工程测量规范》（GB 50026）的规定制定。

3.2.7 三维无约束平差合格后，应对控制网进行三维约束平差或二维约束平差。三维约束平差后基线向量各分量改正数与无约束平差同一基线改正数较差的绝对值应满足式（3.2.7）的要求。各等级控制网约束点间的相对精度及约束平差后最弱边边长相对中误差、最弱边方位角中误差，应符合本规范表3.2.1的规定。

$$
\begin{aligned}
\mathrm{d}V_{\Delta X} &\leqslant 2\sigma \\
\mathrm{d}V_{\Delta Y} &\leqslant 2\sigma \\
\mathrm{d}V_{\Delta Z} &\leqslant 2\sigma
\end{aligned}
\tag{3.2.7}
$$

条文说明

通过GNSS基线网三维无约束平差，检查GNSS控制网测量的内符合精度。三维无约束平差相关精度指标合格后，才能进行约束平差。为了保证控制网约束平差的精度，在约束平差前约束点间精度的兼容性检查是必要的检核。

3.3 边角控制网测量

3.3.1 边角控制网包含导线、三角形网和自由测站边角交会网。

条文说明

结合中低速磁浮交通工程建设和运营维护需求，定义采用全站仪进行边角同测的控制网为边角控制网，包含导线、三角形网和自由测站边角交会网。所谓三角形网是指基本网形为三角形，对三角形网中的水平方向和距离进行测量的平面控制网。

3.3.2 导线可布设成附合导线、闭合导线、导线网，各等级导线测量的主要技术要求应符合表3.3.2的规定。

表3.3.2 导线测量的主要技术要求

等级	测角中误差（″）	测距相对中误差	方位角闭合差（″）	导线全长相对闭合差	方向观测测回数		
					0.5″级仪器	1″级仪器	2″级仪器
二等	1.0	1/250 000	$\pm 2\sqrt{n}$	1/100 000	6	9	—
三等	1.8	1/150 000	$\pm 3.6\sqrt{n}$	1/55 000	4	6	10
四等	2.5	1/100 000	$\pm 5\sqrt{n}$	1/40 000	3	4	6
一级	4.0	1/50 000	$\pm 8\sqrt{n}$	1/20 000	1	2	2
二级	7.5	1/25 000	$\pm 15\sqrt{n}$	1/10 000	1	1	2

注：1. 表中 n 为闭合路线或附合路线测角个数。
2. 当边长短于500m时，三等、四等、一级和二级边长中误差分别应小于3mm、5mm、5mm和7.5mm。

条文说明

导线测量的精度等级及其主要技术要求参照行业标准《铁路工程测量规范》（TB 10101—2018）的规定制定。

3.3.3 各等级三角形网测量的主要技术要求应符合表3.3.3的规定。

表3.3.3 三角形网测量的主要技术要求

等级	测角中误差（″）	测距相对中误差	三角形内角和闭合差（″）	最弱边边长相对中误差	方向观测测回数		
					0.5″级仪器	1″级仪器	2″级仪器
二等	1.0	1/250 000	±3.5	1/120 000	6	9	—
三等	1.8	1/150 000	±7	1/70 000	4	6	10
四等	2.5	1/100 000	±9	1/40 000	3	4	6
一级	4.0	1/50 000	±15	1/20 000	1	2	2
二级	7.5	1/25 000	±30	1/10 000	1	1	2

注：当边长短于500m时，三等、四等、一级和二级边长中误差分别应小于3mm、5mm、5mm和7.5mm。

条文说明

三角形网的测量精度等级及其主要技术要求参照国家标准《工程测量规范》（GB 50026—2007）的规定制定。

3.3.4 导线和三角形网的相邻边长不宜相差过大，相邻短边与长边的边长之比不宜小于1∶2。

条文说明

为了确保同一个控制网中观测值精度的均匀性，规定导线和三角形网中的相邻边长之比不小于1:2。

3.3.5 导线和三角形网的水平方向和距离观测应采用全站仪全圆方向距离观测法，水平方向观测应在通视良好、成像清晰稳定时进行，并应符合表3.3.5的规定。

表3.3.5 水平方向观测的主要技术要求

等级	仪器等级	半测回归零差（″）	同一测回内各方向2C互差（″）	同一方向各测回方向值互差（″）
四等及以上	0.5″	4	8	4
	1″	6	9	6
	2″	8	13	9
一级及以下	1″	8	13	9
	2″	12	18	12

注：当同一测站观测的各个方向的垂直角超过±3°的范围时，2C互差应按各测回同方向进行比较，其值应满足表中同一测回内各方向2C互差的限值。

条文说明

随着智能型全站仪的普及，一次照准水平方向和距离同测的方式已代替原单一的全圆水平方向观测法，因此本规范引入全圆水平方向距离观测法的概念，代替原来的全圆水平方向观测法。

不管是在外业测量还是内业数据处理中，传统的水平角观测值已几乎不用，因此本规范均采用水平方向观测值。

全圆方向距离观测法的技术要求引自现行国家标准《工程测量规范》（GB 50026），并根据需要增加了0.5″级仪器的技术要求。

3.3.6 水平方向观测误差超限时，应进行重测，并应符合下列规定：

1 同一测回内2C互差或同一方向值各测回较差超限时，应重测超限方向，并联测零方向。

2 下半测回归零差或零方向的2C互差超限时，应重测该测回。

3.3.7 导线测量水平角观测的测角中误差应按下式计算：

$$m_{\beta} = \sqrt{\frac{1}{N}\left[\frac{f_{\beta} f_{\beta}}{n}\right]} \qquad (3.3.7)$$

式中：m_{β}——测角中误差（″）；

f_{β}——导线环角度闭合差或附合导线的方位角闭合差（″）；

N——导线环及附合导线的个数；

n——计算 f_β 时导线或导线环的角度个数。

条文说明

本条规定参照现行国家标准《工程测量规范》（GB 50026）执行。

3.3.8 边角控制网距离测量应采用全站仪观测，测距精度等级划分应符合表 3.3.8 的规定。

表 3.3.8 测距仪器精度分级

精度等级	测距标准偏差
Ⅰ	$m_d \leqslant 1\text{mm} + 1 \times 10^{-6} \times D$
Ⅱ	$1\text{mm} + 1 \times 10^{-6} \times D < m_d \leqslant 3\text{mm} + 2 \times 10^{-6} \times D$
Ⅲ	$3\text{mm} + 2 \times 10^{-6} \times D < m_d \leqslant 5\text{mm} + 5 \times 10^{-6} \times D$

注：$m_d = a + b \times D$，a 为测距的固定误差，b 为测距的比例误差系数，D 为距离测量值（以 km 为单位）。

条文说明

本条规定的距离测量精度等级的技术要求引自国家标准《中、短程光电测距规范》（GB/T 16818—2008）。

3.3.9 导线和三角形网的距离应进行往返测，自由测站边角交会网的距离可只进行单程测量，并符合下列规定：

1 导线和三角形网的距离观测的主要技术要求，应符合表 3.3.9-1 的规定。

表 3.3.9-1 距离测量技术要求

等级	测距仪器精度等级	每边测回数		同一测回读数较差（mm）	测回间较差（mm）	往返测或不同时段较差（mm）
		往测	返测			
二等	Ⅰ	4	4	±2	±2	$\pm 2 \times (a + b \times D)$
三等	Ⅰ	3	3	±2	±3	
	Ⅱ	4	4	±5	±7	
四等	Ⅰ	2	2	±2	±3	
	Ⅱ	3	3	±5	±7	
	Ⅲ	6	6	±10	±15	
一级及以下	Ⅰ	2	2	±2	—	
	Ⅱ			±5	—	
	Ⅲ	2	2	±10	±15	

注：1. 一测回是指全站仪盘左、盘右距离各测量一次。

2. $(a + b \times D)$ 为仪器标称精度，a 为测距的固定误差，b 为测距的比例误差系数，D 为距离测量值（以 km 为单位）。

2 测距边的斜距应进行气象改正和仪器常数改正，气压、气温读数精度应符合表3.3.9-2的规定。当测边两端气象条件差异较大时，应在测站和反射镜站分别测记，取两端平均值进行气象改正；当测区平坦，气象条件差异不大时，四等及以下等级可记录上午和下午的平均气压、气温。

表3.3.9-2 温度、气压读数精度要求

测量等级	温度（℃）	气压（hPa）
二等	0.2	0.5
三等	0.2	0.5
四等	0.5	1
一级及以下	1	2

条文说明

本条规定的距离测量技术要求引自国家标准《中、短程光电测距规范》（GB/T 16818—2008）及《工程测量规范》（GB 50026—2007），但在测回数制定上综合考虑了测方向和测距的统一。

距离测量时应记录仪器高和棱镜高等信息，以便对距离进行投影改化。

3.3.10 水平距离计算应符合下列规定：

1 测量的斜距应经气象改正和仪器的加、乘常数改正后才能进行水平距离计算。

2 水平距离宜按下式计算：

$$D_{\mathrm{P}} = S \cdot \cos(\alpha + f) \tag{3.3.10}$$

$$f = (1 - k)\frac{S \cdot \cos\alpha}{2R_{\mathrm{m}}}\rho$$

式中：D_{P}——测距边的水平距离（m）；

S——经气象及加、乘常数等改正后的斜距（m）；

α——垂直角观测值；

f——地球曲率与大气折光对垂直角影响的改正值；

k——当地的大气折光系数；

ρ——常数，取值为206 265″；

R_{m}——地球平均曲率半径（m），一般取6 371 000m。

条文说明

本条规定给出的水平距离计算公式（3.3.10）计算的测距边水平距离是测距边两端平均高程面上的水平距离，应用该公式计算的往、返测的平距可以直接比较，往、返测平距较差小于限差要求时，取其平均值，再按要求归化到平均高程面和参考椭球面上。而国家标准《中、短程光电测距规范》（GB/T 16818—2008）中给出的水平距离计算公式是测距边在测站端高程面上的水平距离。因此，采用该公式分别计算的测距边的往、返测平距是不能直接比较的，因为往返测的平距不是同一个高程面上的平距。

3.3.11 测距边的精度评定，应按式（3.3.11-1）和式（3.3.11-2）计算：

1 单位权测距中误差应按下式计算：

$$\mu = \sqrt{\frac{[Pdd]}{2n}} \tag{3.3.11-1}$$

式中：μ——单位权测距中误差（mm）；

d——各边往返测平距的较差（mm）；

n——测距的边数；

P——各边距离测量的先验权，其值为 $1/\sigma_D^2$，σ_D 为测距的先验中误差，按测距仪的标称精度计算。

2 任一边的实际测距中误差应按下式计算：

$$m_{Di} = \mu\sqrt{\frac{1}{P_i}} \tag{3.3.11-2}$$

式中：m_{Di}——第 i 边的实际测距中误差（mm）；

P_i——第 i 边距离测量的先验权。

条文说明

本条列出了距离测量验前一些必要的精度评定项目，作业者还可以根据需要增加更细致的精度评定项目。

3.3.12 边角控制网测量外业观测工作结束后，应及时整理和检查外业观测手簿或外业电子记录数据，确认观测成果全部符合规定后，方可进行计算。

3.3.13 测量边长的高程归化和在高斯投影面上的投影改化应符合下列规定：

1 归算到工程独立坐标系投影高程面上的测距边长度，应按式（3.3.13-1）计算：

$$D_1 = D_0\left(1 + \frac{H_0 - H_m}{R_A}\right) \tag{3.3.13-1}$$

式中：D_1——归算到投影高程面上的测距边长度（m）；

D_0——测距边两端平均高程面上的平距（m）；

H_0——工程独立坐标系投影面高程（m）；

H_m——测距边两端点的平均高程（m）；

R_A——参考椭球体在测距边方向的法截弧曲率半径（m）。

2 测距边在工程高斯投影面上的长度，应按式（3.3.13-2）计算：

$$D_2 = D_1\left(1 + \frac{Y_m^2}{2R_m^2} + \frac{\Delta y^2}{24R_m^2}\right) \tag{3.3.13-2}$$

式中：D_2——测距边在工程高斯投影面上的长度（m）；

Y_m——测距边中点至中央子午线的距离（m）；

Δy——测距边两端点横坐标增量（m）；

R_m——测距边中点处在参考椭球面上的平均曲率半径（m）。

条文说明

本条给出了测距长度归化到不同投影面上的计算公式。在实际计算时，根据设计的工程独立坐标系，选择不同参数代入公式计算对应的水平距离，磁浮交通工程采用工程椭球，所以最终参与平差的水平距离是测距边在工程高斯投影面上的长度。

3.3.14 边角控制网应在外业各项限差满足要求后，采用严密平差法平差。水平方向和距离的权比关系可采用常规方法或方差分量估计方法确定，并应提供单位权中误差、测角中误差、点位中误差、边长相对中误差、相邻点相对点位中误差、点位误差椭圆参数和相对点位误差椭圆参数等精度信息。在提交的成果报告中应注明定权方式，以便计算复核或复测使用。

条文说明

本规范中规定边角网平差计算都采用严密平差，主要是考虑到目前边角网计算一般都用商业平差软件计算，这些软件的边角网平差都是严密平差。

本条列出了边角网平差后应输出的一些必要的精度信息，需要时，作业者还可以根据实际情况增加更细致的精度信息。

3.4 框架控制网（CF 0）测量

3.4.1 CF 0 控制网应在初测前采用 GNSS 测量方法建立，应符合本规范第 3.2.1 条～第 3.2.4 条中卫星定位控制网一等的要求，全线应一次性布网、测量，整网平差。

条文说明

由于 2000 国家大地坐标系中 A、B 级点在城市附近点位较少，此外城市 CORS 站点分布稀疏，无法满足磁浮交通工程基础平面控制网 CF Ⅰ 的起闭要求，所以需要施测框架控制网 CF 0，并把卫星定位控制网一等作为 CF 0 测量的精度等级。

为了保持磁浮交通工程框架控制网的系统性和完整性，保证坐标基准的唯一性，对一条线路的 CF 0 应进行整网平差。

3.4.2 CF 0 控制点宜沿线路走向每 20km 左右布设一个点，在线路起点、终点或与其他线路衔接地段，应至少有 1 个 CF 0 控制点。

条文说明

对多条互通的磁浮交通线路，需在线路互通连接处设立 CF 0 控制点。如原已建线路有 CF 0 控制点，在确认该点稳定的前提下宜作为已知点对新建 CF 0 网进行约束，使之形成一个统一的框架控制网，使两条磁浮线路能够平顺衔接。

3.4.3 CF 0 控制点标石选埋应符合下列规定：

1 控制点应设在适合 GNSS 观测作业的地点，周围 200m 范围内不得有强电磁干扰源或强电磁反射源，点位距离线路中线不宜大于 5km。

2 控制点标石应设在基础稳定，不受施工和其他人为活动的干扰，且应能够长期保存的地点。标石规格和埋设标准按本规范附录 A 的要求执行。

3 标石埋设完成后，应按本规范附录 B 的要求做好点之记。

3.4.4 CF 0 构网联测应按符合下列规定：

1 CF 0 控制网应与国家 B 级及以上控制点或城市 CORS 站联测，全线联测的已知站点数不应少于 2 个，且在网中均匀分布。

2 每个 CF 0 控制点与相邻点连接边数不得小于 3，国家 B 级及以上控制点或城市 CORS 站与相邻的 CF 0 控制点连接数不得小于 2。

3.4.5 CF 0 观测应按下列规定执行：

1 应使用标称精度不低于 $5\mathrm{mm}+1\times10^{-6}\times D$ 的双频 GNSS 接收机，同步观测的 GNSS 接收机不应少于 3 台。

2 各项技术要求应符合本规范表 3.2.4 中一等网的规定。

3 观测时段分布宜昼夜均匀，夜间观测时段数不应少于 1 个，每个观测时段不宜跨越世界协调时 0 点。

4 天线对中误差不应大于 1mm。天线高应在测前和测后各量取一次，每次应在相同的位置从天线三个不同方向间隔 120°量取。单次天线高重复量取的读数互差不超过 ±2mm 时，取平均值；测前和测后天线高读数互差不超过 ±3mm 时，取平均值作为天线高最终观测值。

5 同一时段的观测过程中不得关闭并重新启动仪器，不得改变仪器的参数设置，不得转动天线位置。不同时段间应重新架设仪器并改变接收机天线方向。

6 观测过程中若遇强雷雨、风暴天气，应立刻停止当前观测时段的作业。

条文说明

CF 0 网观测的技术要求是在参考现行国家标准《全球定位系统（GPS）测量规范》（GB/T 18314）中 B 级 GPS 网规定的基础上，根据 CF 0 网测量精度的要求制定。

3.4.6 CF 0 数据处理应采用高精度的 GNSS 数据处理专用软件。

条文说明

CF 0 网一般 20km 左右布设一个 CF 0 点，采用边连接构网时，基线长度有可能超过 20km。对于长度 20km 以上的基线解算，采用广播星历和厂家随机配置的商业软件已不能满足基线解算的要求时，应使用精密星历和高精度的 GNSS 数据处理专用软件进行解算。

3.4.7 CF 0 基线向量解算应符合下列规定：

1 基线长度大于 15km 时，宜采用精密星历进行基线解算。

2 同一时段观测值的数据剔除率不宜大于 10%。

3 计算结果应包括基线向量的各坐标分量及其协方差阵等平差所需的元素。

4 基线向量解算引入的起算点坐标位置基准应为国际地球参考框架（ITRF）中的坐标成果，该坐标框架应与采用的精密星历坐标框架保持一致。

条文说明

精密星历指 IGS 公布的最终精密星历（Final Orbit）。

3.4.8 基线解算完成后应按下列规定进行 CF 0 控制网基线处理结果的质量检核。

1 同一基线不同时段的基线向量各分量及边长较差应符合式（3.4.8-1）的要求：

$$\begin{aligned} \mathrm{d}\Delta X &\leqslant 3\sqrt{2}R_{\Delta X} \\ \mathrm{d}\Delta Y &\leqslant 3\sqrt{2}R_{\Delta Y} \\ \mathrm{d}\Delta Z &\leqslant 3\sqrt{2}R_{\Delta Z} \\ \mathrm{d}S &\leqslant 3\sqrt{2}R_{\mathrm{S}} \end{aligned} \tag{3.4.8-1}$$

式（3.4.8-1）中 R 按式（3.4.8-2）计算：

$$R = \left[\frac{\dfrac{n}{n-1} \cdot \sum_{i=1}^{n} \dfrac{(C_i - C_{\mathrm{m}})^2}{\sigma_{C_i}^2}}{\sum_{i=1}^{n} 1/\sigma_{C_i}^2} \right]^{1/2} \tag{3.4.8-2}$$

式中：n——同一基线重复观测的总时段数；

i——时段号；

C_i——i 时段基线的某一坐标分量或边长；

C_{m}——各时段基线的某一坐标分量或边长加权平均值；

σ_{C_i}——相应于 i 时段基线的某一坐标分量或边长的方差。

2 基线向量的独立闭合环或附合线路的各坐标分量闭合差（W_X、W_Y、W_Z）应符合式（3.4.8-3）的要求：

$$W_X \leqslant 2\sigma_{W_X}$$

$$W_Y \leqslant 2\sigma_{W_Y} \tag{3.4.8-3}$$

$$W_Z \leqslant 2\sigma_{W_Z}$$

其中：

$$\sigma_{W_X} = \left(\sum_{j=1}^{r}\sigma^2_{\Delta X(j)}\right)^{1/2}$$

$$\sigma_{W_Y} = \left(\sum_{j=1}^{r}\sigma^2_{\Delta Y(j)}\right)^{1/2} \tag{3.4.8-4}$$

$$\sigma_{W_Z} = \left(\sum_{j=1}^{r}\sigma^2_{\Delta Z(j)}\right)^{1/2}$$

式中：j——闭合环（线）中第 j 条基线；

r——闭合环（线）基线数；

$\sigma_{C(j)}$——第 j 条基线 C（$C=\Delta X$，ΔY，ΔZ）分量的方差。

环线全长闭合差（W）应符合式（3.4.8-5）的要求：

$$W \leqslant 3\sigma_W \tag{3.4.8-5}$$

式中：

$$\sigma_W = \left(\sum_{j=1}^{r} WD_jW^T\right)^{1/2};$$

$$W = \left[\frac{W_X}{W_s} \quad \frac{W_Y}{W_s} \quad \frac{W_Z}{W_s}\right];$$

$$W_s = \sqrt{W_X^2 + W_Y^2 + W_Z^2};$$

D_j——闭合环（线）中第 j 条基线的方差—协方差阵。

条文说明

CF 0 控制网基线处理结果质量检核要求参照现行国家标准《全球定位系统（GPS）测量规范》（GB/T 18314）中 B 级 GPS 网的规定制定。

3.4.9 CF 0 网平差应符合下列规定：

1 无约束平差的基线向量改正数绝对值应符合本规范式（3.2.6）的要求。

2 约束平差前，应进行起算数据的精度检核。采用联测站点中某一点作为起算点进行无约束平差后，其他联测站点的坐标与其已知坐标间差值的绝对值应小于 0.1m，且由此计算的基线长度相对误差应小于 2×10^{-6}。

3 三维约束平差所采用的起算点应为国家 B 级及以上或城市 CORS 站点的 CGCS2000 或城市坐标系的三维坐标成果。当联测的城市 CORS 站点坐标为二维时，也可对 CF 0 网进行二维约束平差。

4 约束平差后的基线分量改正数与无约束平差同一基线分量改正数较差的绝对值应满足式（3.4.9）的要求：

$$dV_{\Delta X} \leqslant 2\sigma$$
$$dV_{\Delta Y} \leqslant 2\sigma \qquad (3.4.9)$$
$$dV_{\Delta Z} \leqslant 2\sigma$$

5 无约束平差后应输出 ITRF 国际地球参考框架下各点的三维坐标、基线向量平差值及其改正数、基线坐标分量和精度等信息。

6 约束平差后应输出2000国家大地坐标系（CGCS2000）或城市坐标系中各点的坐标成果、基线向量平差值及其改正数、基线坐标分量和精度等信息。

条文说明

约束平差前应对 CF 0 控制网进行外部数据质量检查，其一检查约束点间的兼容性，其二通过外部高精度已知点的相对关系来对 CF 0 的绝对点位精度进行检核，有利于不同线路 CF 0 控制点成果的通用与共享。

一般情况下，要求对 CF 0 控制网在2000国家大地坐标系或所在城市坐标系中进行三维约束平差，当城市 CORS 站点的坐标只有二维坐标时，也可对 CF 0 控制网进行二维约束平差。

3.5 基础平面控制网（CF Ⅰ）测量

3.5.1 CF Ⅰ控制网宜在定测前建立，采用 GNSS 测量方法施测，应符合本规范第3.2.1条～第3.2.4条中卫星定位控制网二等的要求。

条文说明

由于初测阶段线路比较方案多、线路方案不稳定，通常定测前线路方案基本稳定，因此规定在定测前需完成 CF Ⅰ控制网测量。CF Ⅰ作为基础平面控制网，主要为线路平面控制网 CF Ⅱ提供起算基准，线下工程施工主要利用线下 CF Ⅱ网进行施工控制测量。

3.5.2 测量工作开展前，应根据测区地形、地貌及线路工程情况进行控制网测量方案设计。CF Ⅰ控制点应沿线路走向布设，宜每隔2km布设一个点，当CF Ⅱ平面网采用导线方法测量时，在地下结构进出口处 CF Ⅰ控制点应布设点对，点对中两点间的距离不宜小于600m。

条文说明

地下结构进出口处应布设 CF Ⅰ点对，有条件的地方可设置两个后视点，点对中两点间的距离不宜小于600m，主要考虑为地下结构内 CF Ⅱ网提供起算基准。勘察设计阶段隧道进出口地形地物复杂时，点对间可不通视，但施工前应根据既有控制网做好控制网加密或建立隧道独立控制网，用于施工；用于施工的隧道进出口控制点的点对中两点间应保证通视，且距离不宜小于600m，隧道斜井或竖井处控制点布设要求与隧道进出口要求相同。

3.5.3 CF Ⅰ控制点宜布设在距线路中线50～1 000m范围内不易被破坏、稳定可靠、便于测量的地方，点位附近不应有强烈干扰接收卫星信号的干扰源或强烈反射卫星信号的物体，并按附录A的要求埋石，按附录B的要求制作点之记。

3.5.4 CF Ⅰ控制网应采用边连接方式或网联式构网，构成三角形或四边形的带状网。全线（段）宜一次布网、测量，整网平差。

3.5.5 CF Ⅰ控制网应起闭于CF 0控制点。在与其他工程交叉或连接处，CF Ⅰ控制网应与其平面控制点联测，联测控制点的个数不应少于2个。

条文说明

在与其他工程衔接地段，通过将相邻2个以上的平面控制点纳入CF Ⅰ控制网中测量，以便确定它们之间的相互关系，保证磁浮工程与相邻工程的平顺衔接。

3.5.6 CF Ⅰ控制网外业观测和基线向量解算应符合本规范第3.2.1条～第3.2.5条的相关规定。

3.5.7 CF Ⅰ控制网平差及坐标转换应符合下列规定：

1 CF Ⅰ控制网平差宜采用三维约束平差，并符合本规范第3.2.6条、第3.2.7条的规定。

2 三维约束平差后，应将CF Ⅰ控制网的空间直角坐标分别投影到相应的工程独立坐标系中获得其平面直角坐标。

3 转换到其他坐标系统时，以联测的平面控制点作为起算点进行CF Ⅰ控制网的二维约束平差，或采用坐标转换的方法计算CF Ⅰ控制点在其他坐标系中的平面坐标。

条文说明

利用约束点的已知三维坐标对CF Ⅰ控制网进行三维约束平差，然后通过投影变换将CF Ⅰ的三维空间坐标转换为二维平面坐标，是一种严密的转换方法。首先利用国家高等级平面控制点或CF 0控制点作为固定点进行CF Ⅰ控制网的三维约束平差，计算CF Ⅰ控制点的空间直角坐标，再通过分带投影的方法计算CF Ⅰ控制点的平面直角坐标。

3.6 线路平面控制网（CF Ⅱ）测量

3.6.1 线路平面控制网（CF Ⅱ）分为线下 CF Ⅱ控制网、线上 CF Ⅱ控制网和地下结构 CF Ⅱ控制网。

条文说明

线路平面控制网 CF Ⅱ按照点位布设位置、功能和测量方法的不同，分为线下CF Ⅱ控制网、线上 CF Ⅱ控制网和地下结构 CF Ⅱ控制网。

3.6.2 线下 CF Ⅱ控制网应在工程开工前完成，采用 GNSS 测量方法施测时，应符合本规范第 3.2.1 条 ~ 第 3.2.4 条中卫星定位控制网三等的要求；采用边角网测量方法施测时，应符合本规范第 3.3.2 条 ~ 第 3.3.9 条中边角控制网三等的要求。

条文说明

线下 CF Ⅱ控制网是线路放线和线下工程施工测量的基础，根据以往勘察经验，由于线下 CF Ⅱ距线路中线距离要求较近，线路方案调整易造成 CF Ⅱ离中线距离不满足规范要求，因此规定线路方案稳定的可在定测前完成，线路方案不稳定的可在定测后施测。线下工程施工测量应以线下 CF Ⅱ控制网作为基准，因此要求线下 CF Ⅱ控制网在开工前完成。一般情况下，线下 CF Ⅱ控制网和线上 CF Ⅱ控制网采用 GNSS 方法施测，地下结构 CF Ⅱ控制网采用边角网测量的方法施测。

3.6.3 线下 CF Ⅱ控制点应沿线路布设，每 500m 左右布设一个点。控制点宜设在距线路中线 50 ~ 200m 范围内不易被破坏、稳定可靠、便于测量的地方，并按附录 A 的要求埋石，按附录 B 的要求制作点之记。

条文说明

统计长沙南至黄花机场中低速磁浮工程线下 CF Ⅱ控制网点间平均间距约为 767m，考虑到后续施工控制的便利性，规定线下 CF Ⅱ控制点沿线路布设，每 500m 左右布设一个点。

3.6.4 线上 CF Ⅱ控制网应在线下工程竣工、结构稳定后开展，并以全线复测合格的 CF Ⅰ、线下 CF Ⅱ坐标成果作为起算基准，宜按本规范第 3.2 节中卫星定位控制网或第 3.3节中边角控制网三等要求施测。

3.6.5 线上 CF Ⅱ控制点应沿线路布设，间隔 300 ~ 400m 布设一个点，采用强制对中标志，宜与 CF Ⅲ点共点且应保证测点中心的一致性，且应避开连续梁、过渡段等不稳定地段。按本规范附录 A 的要求，同一条线路线上 CF Ⅱ控制点应采用统一的标志。

条文说明

在高架结构中，CF Ⅲ平面测量通常难以联测到线下 CF Ⅱ控制网，为了便于 CF Ⅲ平面网测量，提高测量效率，且利于运营阶段控制点保护，因此需将 CF Ⅱ控制点按一定点位密度及测量精度移设到线上去。为了提高重复测量精度，规定采用强制对中标志，线上 CF Ⅱ点位宜与 CF Ⅲ点共点且应保证测点中心的一致性。

统计长沙南至黄花机场中低速磁浮工程线上 CF Ⅱ控制点平均间距为 354m，线上 CF Ⅱ控制点按 300 ~ 400m 一个点的点位密度进行布设，既考虑到中低速磁浮局部曲线半径小的因素，又考虑到精度控制因素。

3.6.6 CF Ⅱ控制网采用 GNSS 测量时应符合下列规定：

1 CF Ⅱ控制点附近不应有强烈干扰接收卫星信号的干扰源或强烈反射卫星信号的物体。

2 相邻 CF Ⅱ控制点之间宜通视，困难地区至少有一个通视点。

3 CF Ⅱ控制网应与所有的 CF Ⅰ控制点联测构成附合网。

4 CF Ⅱ控制网外业观测和基线向量解算应符合本规范第 3.2.1 条 ~ 第 3.2.5 条的相关规定。

5 CF Ⅱ控制网应以联测的 CF Ⅰ控制点作为起算点进行二维约束平差，CF Ⅱ控制网平差应符合本规范第 3.2.6 条、第 3.2.7 条的规定。

条文说明

为了保证平面测量基准的统一，实现“三网合一”，CF Ⅱ控制网应附合到 CF Ⅰ控制网中，平差计算时以联测的 CF Ⅰ作为已知点进行约束平差。

线上 CF Ⅱ网平差可以采用联测的每一个精度满足要求的线下 CF Ⅱ点作为约束点进行同级约束平差。

3.6.7 长度大于 500m 的地下结构贯通后，应测设地下结构内的 CF Ⅱ控制网。地下结构内的 CF Ⅱ控制网宜采用自由测站边角交会方法或导线法，按本规范第 3.3 节边角控制网测量三等要求施测。

条文说明

考虑到线下 CF Ⅱ控制网要求每 500m 左右布设一个 CF Ⅱ点，而线上 CF Ⅱ控制网应每隔 300 ~ 400m 布设一个 CF Ⅱ点，为保证 CF Ⅲ平面控制网测量的精度，因此长度大于 500m 的地下结构贯通后，应在地下结构内测设 CF Ⅱ控制网。

3.6.8 地下结构 CF Ⅱ自由测站边角交会测量应按下列规定执行：

1 CF Ⅱ控制点沿地下结构宜按 200～300m 间隔成点对布设，对于小半径的地下结构，点对间距可以适当缩短。CF Ⅱ控制点应采用强制对中标志，布设在地下结构双侧墙且高于轨排顶面 0.2m 以上。

2 地下结构 CF Ⅱ控制网应与地下结构出入口控制点进行联测，可根据现场情况按本规范附录 C 所示图形构网。

条文说明

1 按照行业标准《中低速磁浮交通设计规范》（CJJ/T 262—2017）的要求，正线最小曲线半径可为 100m，地下结构 CF Ⅱ控制点按照 200～300m 间隔以点对布设时，仪器设置在中间位置很难观测到 4 对 CF Ⅱ点，因此规定特殊情况下可根据现场情况适当缩短 CF Ⅱ控制点点对间的距离。

2 结合 CF Ⅱ自由测站边角交会网测量的特点、联测网形的强度和部分精度指标的要求，设计网形图。

3.6.9 地下结构内 CF Ⅱ自由测站边角交会测量仪器设备应满足下列要求：

1 使用的全站仪应具有自动目标搜索、自动照准、自动观测功能，标称精度不低于（1″、$1mm + 2 \times 10^{-6} \times D$）。

2 观测前应对全站仪进行检校，作业期间仪器须在有效检定期内。边长观测应进行温度、气压等气象元素改正，温度读数精确至 0.2℃，气压读数精确至 0.5hPa。

3.6.10 地下结构内 CF Ⅱ自由测站边角交会测量应采用全站仪按全圆方向距离观测法自动观测方向和距离，并满足下列要求：

1 地下结构内 CF Ⅱ自由测站边角交会网水平方向观测，应符合表 3.6.10-1 的规定。

表 3.6.10-1 地下结构内 CF Ⅱ自由测站边角交会网水平方向观测技术要求

仪器等级	测回数	半测回归零差（″）	同一测回内各方向 2C 互差（″）	测回间同一方向归零后方向值较差（″）
0.5″、$1mm + 1 \times 10^{-6} \times D$	3	6	9	6
1″、$1mm + 2 \times 10^{-6} \times D$	4	6	9	6

2 地下结构内 CF Ⅱ自由测站边角交会网距离可只进行单程测量，并应按表 3.6.10-2 的规定执行。

表 3.6.10-2 地下结构内 CF Ⅱ自由测站边角交会网距离观测技术要求

仪器等级	测回数	半测回间距离较差（mm）	测回间距离较差（mm）
0.5″、$1mm + 1 \times 10^{-6} \times D$	3	±2.0	±3.0
1″、$1mm + 2 \times 10^{-6} \times D$	4	±2.0	±3.0

注：距离测量一测回是全站仪盘左、盘右距离各测量一次的过程。

3.6.11 地下结构内CF Ⅱ自由测站边角交会网应附合在地下结构进、出口外CF Ⅰ或CF Ⅱ控制点上，方位角闭合差应满足表3.6.11的规定。每个洞口联测CF Ⅰ或CF Ⅱ的控制点数量不少于2个。

表3.6.11 地下结构内CF Ⅱ自由测站边角交会网方位角闭合差限差

方位角闭合差限差（″）	$\pm 3.6\sqrt{n}$

注：n 为测站数。

3.6.12 地下结构内CF Ⅱ自由测站边角交会网平差应按下列规定执行：

1 自由网平差后，方向和距离改正数应满足表3.6.12-1的规定。

表3.6.12-1 地下结构内CF Ⅱ自由测站边角交会网无约束平差技术要求

方向改正数（″）	距离改正数（mm）
±3	±4

2 约束平差后，方向和距离改正数应满足表3.6.12-2的规定。

表3.6.12-2 地下结构内CF Ⅱ自由测站边角交会网约束平差技术要求

自由测站与已知点联测边		自由测站与地下结构内CF Ⅱ点联测边	
方向改正数（″）	距离改正数（mm）	方向改正数（″）	距离改正数（mm）
±4	±6	±3	±4

3.6.13 地下结构内CF Ⅱ自由测站边角交会网平差后，测距中误差、方向观测中误差和相邻点相对点位中误差，应满足表3.6.13的规定。

表3.6.13 地下结构内CF Ⅱ自由测站边角交会网主要技术要求

测距中误差（mm）	方向观测中误差（″）	相邻点相对点位中误差（mm）
2.5	1.8	5.0

条文说明

第3.6.10条～第3.6.13条应结合磁浮交通工程设计时速并参考现行行业标准《铁路工程测量规范》（TB 10101）规定制定地下结构CF Ⅱ自由测站边角交会测量的技术和精度要求。

3.6.14 当地下结构内及斜井、竖井等施工控制点保存完好时，地下结构内CF Ⅱ控制网宜与其联测。

条文说明

为了检验地下结构内CF Ⅱ控制网所测量的线路中线与施工控制网测量的结构中线是否一致，当地下结构内（包括斜井、竖井等）施工控制点保存完好时，地下结构内CF Ⅱ控制网宜与其联测。

3.6.15 在地下结构内 CF Ⅱ网与洞内施工控制点联测后，宜采用以下方法进行数据处理与分析：

1 约束 CF Ⅱ网的起算点，计算出施工控制点的坐标并与其原坐标进行比较分析。

2 约束 CF Ⅱ网的起算点和部分施工控制点坐标，分析 CF Ⅱ网的精度变化情况，若 CF Ⅱ网的精度能够满足要求，且能使线路中线与地下结构中线更加吻合，则可采用部分施工控制点坐标进行约束平差。

3.7 轨排控制网（CF Ⅲ）平面测量

3.7.1 CF Ⅲ控制点布设应符合下列规定：

1 双线并行线路直线段和大半径曲线段沿线路纵向宜每隔 50m 左右布设一对 CF Ⅲ控制点，小半径曲线段或通视困难段宜每隔 25m 左右布设一对 CF Ⅲ控制点。

2 单线线路直线段和大半径曲线段沿线路纵向宜每隔 50m 左右布设一个 CF Ⅲ控制点，小半径曲线段或通视困难段宜每隔 25m 左右布设一个 CF Ⅲ控制点。

3 站场、车辆基地等多条线路布点时应结合现场条件布设 CF Ⅲ控制点，以满足各条线路测量使用。

4 道岔前后宜各布设一对 CF Ⅲ控制点，以便道岔施工测量，控制点应布设在道岔转辙范围外。

5 低置结构 CF Ⅲ控制点除与桥梁相接处埋设于固定端，其余宜布设于承轨梁中间位置。

6 高架结构 CF Ⅲ控制点宜布设在固定支座的墩台顶面承轨梁中间位置。

7 地下结构 CF Ⅲ控制点宜布设在双侧墙上，也可按高架结构和低置结构布设在承轨梁上。

条文说明

鉴于磁浮交通工程的结构特殊性，规定双线并行线路在大半径曲线段和直线段宜沿线路纵向每隔 50m 左右布设一对 CF Ⅲ控制点，在小半径曲线段或通视困难段宜沿线路纵向每隔 25m 左右布设一对 CF Ⅲ控制点；规定单线绕行线路在大半径曲线段和直线段宜沿线路纵向每隔 50m 左右布设一个 CF Ⅲ控制点，在小半径曲线段宜沿线路纵向每隔 25m 左右布设一个 CF Ⅲ控制点。

站场、车辆基地等多股道应结合现场条件布设CF Ⅲ控制点，宜每股道均布设CF Ⅲ控制点，以方便施工。

道岔由于安装定位精度要求高，因此道岔前后宜各布设一对 CF Ⅲ控制点，以方便道岔施工和安装精调。

根据磁浮低置结构、高架结构、地下结构等不同结构特点，CF Ⅲ控制点布设在结构稳定的位置，低置结构段承轨梁除与桥梁相接处为固定点，其余均为伸缩自由状态，受温度影响每片承轨梁会伸缩，相对而言，承轨梁中间位置较为稳定；高架结构 CF Ⅲ控制点布设时应注意布设在固定支座端；地下结构 CF Ⅲ控制点可布设在隧道洞壁双侧墙上，也可参照高架结构和低置结构布设在承轨梁上。

3.7.2 CF Ⅲ平面测量应附合于线上 CF Ⅱ控制点或地下结构 CF Ⅱ控制点，并采用自由测站边角交会法测量。

条文说明

自由测站边角交会测量是一种先进的、可靠的测量方法，特别适合控制点数量较多的带状控制网测量且已全面在铁路工程的 CPⅢ控制网测量中成熟应用。

3.7.3 轨排控制网（CF Ⅲ）测量前，线下工程沉降和变形应稳定并通过评估。

条文说明

轨排控制网是轨排铺设、精调以及运营维护的基准，为了保证在轨排的铺设、精调以及运营维护阶段有一个安全、可靠、稳定的控制基准，若轨排控制网测量前，线下工程沉降和变形未稳定，会造成轨排控制网平面和高程发生变化，无法使用。因此要求轨排控制网测量前，线下工程沉降和变形应稳定，同时要求通过专门的评估。

3.7.4 CF Ⅲ点预埋件应采用不锈钢强制对中标志，标志连接件的加工误差不应大于0.05mm。标志应按本规范附录 A 的要求加工，同一条线路应采用统一的 CF Ⅲ标志和棱镜组件。CF Ⅲ棱镜组件的安装精度应满足表 3.7.4 的要求。

表 3.7.4　CF Ⅲ棱镜组件安装精度要求（mm）

坐标分量方向	重复性安装误差	互换性安装误差
X	±0.4	±0.4
Y	±0.4	±0.4
H	±0.2	±0.2

条文说明

CF Ⅲ标志重复性安装误差是指同一标志在同一个预埋件上重复安装后的棱镜中心坐标较差的限差；互换性安装误差是指不同标志安装在同一个预埋件上棱镜中心坐标较差的限差。其各项限差系参照现行行业标准《高速铁路工程测量规范》（TB 10601）制定。

3.7.5 CF Ⅲ控制点编号和自由测站编号应唯一，便于查找。编号规则应符合本规范附录 A 的规定。

3.7.6 CF Ⅲ平面网的测量仪器设备应满足下列要求：

1 使用的全站仪应具有自动目标搜索、自动照准、自动观测功能，标称精度不应低于（1″、$1\text{mm}+2\times10^{-6}\times D$）。

2 观测前应对全站仪进行检校，作业期间仪器须在有效检定期内。距离观测应进行温度、气压等气象元素改正，温度读数精确至 0.2℃，气压读数精确至 0.5hPa。

3.7.7 CF Ⅲ平面网应按本规范附录 D 中图 D.0.1 点对布设形式构网观测，线路为单线或特殊情况下，可采用图 D.0.2 单点布设形式的要求构网观测，每个 CF Ⅲ点应保证至少有 3 个自由测站的方向和距离观测量。

3.7.8 CF Ⅲ平面网外业观测应采用全圆方向距离观测法进行自动测量，并应符合下列规定：

1 水平方向观测应满足表 3.7.8-1 的规定。

表 3.7.8-1 CF Ⅲ平面网水平方向观测技术要求

仪器等级	测回数	半测回归零差（″）	同一测回内各方向 2C 互差（″）	同一方向值各测回间较差（″）
0.5″、1″	3	±6	±9	±6

2 CF Ⅲ平面网距离测量应满足表 3.7.8-2 的规定。

表 3.7.8-2 CF Ⅲ平面网距离观测技术要求

仪器等级	测回数	半测回间距离较差（mm）	测回间距离较差（mm）
Ⅰ级	3	±1	±1

注：距离测量一测回是全站仪盘左、盘右各测量一次的过程。

3 CF Ⅲ平面网应与线上 CF Ⅱ控制点或地下结构 CF Ⅱ控制点联测，联测的 CF Ⅱ控制点纵向间距不应大于 400m，自由测站与联测的 CF Ⅱ控制点间的距离不宜大于 300m，并按本规范附录 D 的网形构网观测。

4 CF Ⅲ平面网可根据施工需要分段测量，分段测量的区段长度不宜小于 2km，区段间重复观测在点对布设情况下不应少于 4 对 CF Ⅲ点，单点布设情况下不应少于 4 个 CF Ⅲ点。区段接头不应位于道岔和连续梁范围内。

5 区段之间衔接时，搭接段独立平差同一点坐标差值不应超过 ±3mm。满足该条件后，新测 CF Ⅲ平面网平差时，应采用所联测的 CF Ⅱ控制点及搭接段既有 CF Ⅲ点进行约束平差，点对布设形式时线路纵向约束至少 1 对 CF Ⅲ点，单点布设形式时约束至少 2 个 CF Ⅲ点进行约束平差计算。

条文说明

外业观测各项限差系根据行业标准《高速铁路工程测量规范》(TB 10601—2009)制定，测回数考虑通常采用全站仪边角同步观测，因此要求与水平方向测回数一致。

本条中CF Ⅲ分区段接头不应位于道岔梁和连续梁范围内，是由于道岔梁安装应在一个CF Ⅲ控制网内整体控制，一次完成；连续梁上的CF Ⅲ点随着环境的改变而变化，不同观测条件下很难搭接上。

3.7.9 CF Ⅲ平面网平差计算应符合下列规定：

1 CF Ⅲ平面网自由网平差后观测值改正数应满足表3.7.9-1的规定。

表3.7.9-1 CF Ⅲ平面网自由网平差后的主要技术要求

方向改正数（″）	距离改正数（mm）
±4.0	±2.0

2 CF Ⅲ平面网约束平差后的精度，应满足表3.7.9-2的规定。

表3.7.9-2 CF Ⅲ平面网约束平差后的主要技术要求

与已知点联测		与CF Ⅲ联测		点位中误差（mm）	相邻点的相对点位中误差（mm）
方向改正数（″）	距离改正数（mm）	方向改正数（″）	距离改正数（mm）		
±4.5	±4.5	±4.0	±2.0	3.0	1.5

条文说明

结合中低速磁浮交通工程设计时速和参考现行行业标准《铁路工程测量规范》(TB 10101)规定，并根据长沙中低速磁浮工程CF Ⅲ数据统计结果制定。

长沙中低速磁浮工程CF Ⅲ点对间距为25m左右，为了符合CF Ⅲ点间距离为50m左右，将实测的CF Ⅲ网数据进行了抽稀处理，并对点对间距为50m左右的CF Ⅲ网能否满足轨排安装的精度要求进行了验证：

自由网平差后的精度情况。共计9 096个方向距离观测值，方向观测值改正数小于2″的个数为9 023个，占比99.20%，大于等于2″小于3″的个数为72个，占比0.79%，方向观测值改正数仅有1个超过3″，为3.08″，占比0.01%。距离观测值改正数均小于2mm，其中小于1mm的个数为9 080个，占比99.82%，大于等于1mm且小于2mm的个数为16个，占比0.18%。

约束网平差后的精度情况。共计9 090个方向距离观测值，其中与CF Ⅱ联测的观测值个数为589个，与CF Ⅲ联测的个数为8 501个。约束网平差后，与CF Ⅱ联测的方向改正数均小于4.0″，其中小于3″的个数为588个，占比99.83%，大于等于3″小于4″的个数为1个，占比0.17%。与CF Ⅱ联测的距离改正数均小于4mm，其中小于3mm的个数为583个，占比98.98%，大于等于3mm小于4mm的个数为6个，占比1.02%。

与 CF Ⅲ联测的方向改正数个数为 8 501 个，其中小于 2″的个数为 8 407 个，占比 98.89%，小于等于 3″大于 2″的个数为 87 个，占比 1.02%，大于 3″的个数为 7 个，占比 0.08%。与 CF Ⅲ联测的距离改正数个数为 8 501 个，其中小于 1mm 的个数为 8 064 个，占比 94.86%，大于等于 1mm 小于 2mm 的个数为 430 个，占比 5.06%，大于 2mm 的个数为 7 个，比 0.08%。约束网平差后，测站点及 CF Ⅲ点共计 4 204 个，所有点的点位中误差均小于 2mm，其中点位中误差小于 1mm 的为 3 990 个，占比 94.91%，大于等于 1mm 且小于 2mm 的个数为 214 个，占比 5.09%。约束网平差后，共有 14 485 对相邻点 CF Ⅲ，其中相邻点的相对点位中误差小于 0.5mm 的有 5 928 对，占比 40.92%，大于等于 0.5mm 小于 1mm 的对数为 8 322 对，占比 57.45%，大于等于 1mm 且小于 1.5mm 的个数为 227 个，占比 1.57%，大于 1.5mm 的对数为 8 对，分别为 1.66mm、1.66mm、1.62mm、1.62mm、1.59mm、1.59mm、1.53mm、1.53mm、占比 0.06%。

3.7.10 位于坐标换带处 CF Ⅲ平面网计算时，应分别采用相邻两个投影带的 CF Ⅱ坐标进行约束平差，并分别提交相邻投影带内两套 CF Ⅲ平面网的坐标成果。提供两套坐标的 CF Ⅲ平面网区段长度不应小于 400m。

条文说明

考虑到线上 CF Ⅱ控制点间距为 300 ~ 400m，所以规定坐标换带处需提供两套坐标的 CF Ⅲ区段长度不应小于 400m。

3.8 平面控制网复测

3.8.1 中低速磁浮交通工程建设期间，应加强 CF 0、CF Ⅰ、CF Ⅱ和 CF Ⅲ平面控制网复测维护工作。控制网复测维护分为定期复测维护和不定期复测维护，定期复测应由建设单位组织勘察设计单位和施工单位实施，不定期复测维护应由施工单位实施。

条文说明

由于在工程建设期间，控制网破坏或受施工干扰，因此控制网应定期进行维护。不定期维护主要是根据工程需要，为保持控制网的准确稳定，进行的复测；特殊地质条件或特殊情况下，应加强复测维护。

3.8.2 定期复测是对平面控制网全面复测，复测内容、频次和数据处理应按下列规定执行：

1 施工单位接桩后，应对 CF Ⅰ、CF Ⅱ进行复测。

2 CF Ⅲ建网前，勘察设计单位应对 CF 0、CF Ⅰ、CF Ⅱ复测一次。

3 工程静态验收前，应对 CF 0、CF Ⅰ、CF Ⅱ、CF Ⅲ复测一次。

4　施工单位在工程建设期间每半年应对 CF 0、CF Ⅰ、CF Ⅱ复测一次。

5　复测时宜按照按照逐级控制的原则进行约束平差，困难时可选用测段内稳定的同级控制点进行约束平差，分段进行数据处理与分析。

条文说明

根据工程建设阶段，对定期复测进行了规定。CF Ⅲ建网前复测和工程静态验收前复测是主要针对控制网的勘察设计单位制定，其中 CF Ⅲ控制网复测由建网的实施单位负责完成。一般情况下进行整网复测和数据处理，长大线路或分区段竣工且工期节点间隔较长的，可根据工程进展情况下分段复测；接桩复测和每半年一次的复测主要针对施工单位制定。勘察设计单位在 CF 0、CF Ⅰ、CF Ⅱ复测时，一般情况下宜逐级控制进行约束平差，由于工程进度原因需要分段进行复测时或各施工单位独立进行复测时，无法严格按照等级控制要求进行平差计算，因此规定可采用同级控制点进行约束平差，但应注意对选用的约束点进行稳定性分析。

3.8.3　不定期复测是根据工程建设需要适时对平面控制网开展的复测，复测内容、频次与数据处理按下列规定执行：

1　施工期间复测周期不宜超过 6 个月。

2　特殊地区、地面沉降地区或施工期间出现异常的地段，适当增加复测次数。

3　复测时宜按照逐级控制的原则进行约束平差，困难时可选用测段内稳定的同级控制点进行约束平差，分段进行数据处理与分析。

4　当复测较差超限时，应查明原因，由监理和设计单位确认。

条文说明

不定期复测主要由施工单位负责实施，由于各标段独立进行复测，有时无法严格按照等级控制要求进行平差计算，因此规定可采用同级控制点进行约束平差，但应注意对选用的约束点进行稳定性分析。监理单位在复测过程中应对观测过程进行确认，与设计单位成果较差超限时应报监理单位和设计单位确认。

3.8.4　CF 0 复测的方法和精度应与原测相同，网形应与原网形尽量一致。CF 0 复测成果转换为平面坐标后与原测成果的 X、Y 坐标较差限差为 ±20mm，当较差满足限差要求时，采用原测成果，否则应对复测成果确认后按同精度内插方法更新坐标成果。

3.8.5　CF Ⅰ复测的方法和精度应与原测相同，网形应与原网形尽量一致。CF Ⅰ复测成果与原测成果的 X、Y 坐标比较应同时满足较差不超过 ±15mm，且相邻点的坐标差之差的相对精度应小于 1/100 000，边长小于 800m 的 CF Ⅰ点对除外。当满足上述限差要求时，采用原测成果，否则应对复测成果确认后按同精度内插方法更新坐标成果。

条文说明

考虑到地下结构外进出口处 CF Ⅰ点对中两点间的距离受条件限制可能较近，所以规定 CF Ⅰ相邻点的坐标差之差的相对精度应小于 1/100 000。

3.8.6 CF Ⅱ平面网复测的方法和精度应与原测相同，并应符合下列规定：

1 采用 GNSS 法测量的 CF Ⅱ平面网，复测 CF Ⅱ成果与原测成果的 X、Y 坐标较差限差为 ±10mm，且相邻点的坐标差之差的相对精度应小于 1/50 000。当满足上述限差要求时，采用原测成果，否则应对复测成果确认后按同精度内插方法更新坐标成果。

2 采用自由测站边角交会法测量的 CF Ⅱ平面网，复测 CF Ⅱ成果与原测成果的较差应满足表 3.8.6-1 的规定。

表 3.8.6-1 CF Ⅱ平面网自由测站边角交会法复测限差要求

复测与原测坐标较差限差（mm）	相邻点的复测与原测坐标增量较差限差（mm）
$\pm 2\sqrt{m_{原}^2 + m_{复}^2}$	±5.0

注：1. 表中 $m_{原}$ 为原测 X 或 Y 坐标中误差，$m_{复}$ 为复测 X 或 Y 坐标中误差。
2. 表中坐标增量较差限差指 X、Y 坐标分量增量较差。

3 采用导线法测量的 CF Ⅱ平面网，复测的水平角、边长和坐标与原测成果的较差应满足表 3.8.6-2 的规定。

表 3.8.6-2 CF Ⅱ平面网导线法复测较差的限差

控制网	等 级	水平角较差限差（″）	边长较差限差（mm）	坐标较差限差（mm）
CF Ⅱ	三等	±3.6	$\pm 2m_D$	±10

注：m_D 为全站仪测距的标称精度。

条文说明

CF Ⅱ网复测稳定性分析评判标准主要参考现行行业标准《铁路工程测量规范》（TB 10101）规定并根据中低速磁浮交通工程的需求制定。

3.8.7 CF Ⅲ平面网复测采用的网形和精度指标应与原测相同。CF Ⅲ点复测与原测成果的 X、Y 坐标偏差允许值应为 ±3.0mm，且相邻点的复测与原测坐标增量 ΔX、ΔY 较差允许值应为 ±2mm。较差超限时应分析判断超限原因，确认复测成果无误后，宜对超限的 CF Ⅲ点采用同级扩展方式更新成果。坐标增量较差按式（3.8.7）计算：

$$
\begin{aligned}
\mathrm{d}\Delta X_{ij} &= (X_j - X_i)_{复} - (X_j - X_i)_{原} \\
\mathrm{d}\Delta Y_{ij} &= (Y_j - Y_i)_{复} - (Y_j - Y_i)_{原}
\end{aligned}
\tag{3.8.7}
$$

条文说明

采用自由测站边角交会法复测 CFⅢ网时，CFⅢ复测坐标较差限差及相邻点坐标增量较差限差主要参考现行行业标准《高速铁路工程测量规范》（TB 10601）的相关规定。

3.9 成果资料整理

3.9.1 观测和计算成果应做到记录真实、注记明确、格式统一，并装订成册、归档管理。

3.9.2 原始观测记录应在现场记录清楚，不得涂改或补记。手簿应编列页码，注明观测日期、气象条件、使用的仪器类型和编号，详细记载作业过程的特殊情况，并由作业者签署。

3.9.3 GNSS 平面控制测量数据取位应按表 3.9.3 的规定执行。

表 3.9.3 GNSS 平面控制测量数据取位要求

控制网等级	基线向量（mm）	点位中误差（mm）	点位坐标（mm）
一等	0.1	0.1	0.1
二等	0.1	0.1	0.1
三等	0.1	0.1	0.1
四等	1	1	1
五等	1	1	1

3.9.4 导线（网）测量数据取位应按表 3.9.4 的规定执行。

表 3.9.4 导线（网）测量数据取位要求

控制网等级	水平方向观测值（″）	水平距离观测值（mm）	方向改正数（″）	距离改正数（mm）	点位中误差（mm）	点位坐标（mm）
三、四等	0.1	0.1	0.1	0.1	0.1	1
一级	1	1	1	1	1	1
二级	1	1	1	1	1	1

3.9.5 自由测站边角交会网测量数据取位应按表 3.9.5 的规定执行。

表 3.9.5 自由测站边角交会网测量数据取位要求

水平方向观测值（″）	水平距离观测值（mm）	方向改正数（″）	距离改正数（mm）	点位中误差（mm）	点位坐标（mm）
0.1	0.1	0.01	0.01	0.01	0.1

3.9.6 中低速磁浮交通工程平面控制测量完成后，应提交下列成果资料：

1 技术设计书。

2 外业观测手簿、原始观测数据及仪器检定证书。

3 平差计算报告。

4 CF 0、CF Ⅰ、CF Ⅱ控制点点之记。

5 各级平面控制点坐标成果表。

6 各级平面控制网联测示意图。

7 各级平面控制网测量技术总结报告。

8 以上资料的电子文档。

4 高程控制测量

4.1 一般规定

4.1.1 中低速磁浮交通工程高程控制测量等级划分为二等、精密水准、三等、四等。各等级高程控制网的技术要求宜符合表 4.1.1 的规定。困难条件下，水准路线长度可酌情放宽，但不应超过现行国家标准《国家一、二等水准测量规范》（GB/T 12897）和《国家三、四等水准测量规范》（GB/T 12898）的要求。

表 4.1.1 各等级高程控制网的技术要求

水准测量等级	每千米高差中数偶然中误差 M_{Δ}（mm）	每千米高差中数全中误差 M_{W}（mm）	附合路线或环线周长的长度（km）	
			附合路线长	环线周长
二等	≤1	≤2	≤100	≤150
精密水准	≤2	≤4	≤2	—
三等	≤3	≤6	≤75	≤100
四等	≤5	≤10	≤50	≤75

表中，M_{Δ}和M_{W}应按式（4.1.1-1）和式（4.1.1-2）计算：

$$M_{\Delta} = \sqrt{\frac{1}{4n}\left(\frac{\Delta\Delta}{L}\right)} \tag{4.1.1-1}$$

$$M_{W} = \sqrt{\frac{1}{N}\left(\frac{WW}{L}\right)} \tag{4.1.1-2}$$

式中：Δ——测段往返测高差不符值（mm）；

L——测段长或环线长（km）；

n——测段数；

W——附合或环线高差闭合差（mm）；

N——水准路线环数。

条文说明

中低速磁浮交通工程高程控制测量等级的划分是根据中低速磁浮交通工程建设的需要，在现行国家标准《工程测量规范》（GB 50026）的等级系列的基础上，增加了精密水准测量的等级。精密水准测量是介于二等水准和三等水准测量精度的一个等级，专用于轨排高程控制网测量。除增加的精密水准测量外，各等级高程控制网采用每千米高差中数偶然中误差、每千米高差中数的全中误差的精度等系列引用现行国家标准《国家一、二等水准测量规范》（GB/T 12897）和《国家三、四等水准测量规范》（GB/T 12898）。精密水准测量高程控制网采用每千米高差中数偶然中误差、每千米高差中数的全中误差的精度等系列参照现行行业标准《高速铁路工程测量规范》（TB 10601）。二等水准路线的附合路线长度是基于中低速磁浮属于城市轨道交通，一般线路长度不大且一般位于城市周围，国家高程控制点密度较大考虑。精密水准附合路线长度基于线路水准基点1km一个，加之三角高程上桥，与线下水准点联测综合估算考虑。

4.1.2 中低速磁浮工程高程控制网按照等级和功能分为线路水准基点控制网和轨排控制网（CF Ⅲ）高程网，控制网的精度等级及点间距，应符合表4.1.2的要求。

表4.1.2　高程控制网测量等级及点间距

控制网名称	测量等级	点间距
线路水准基点控制网	二等	≤1km
轨排控制网高程网	精密水准	25～50m

条文说明

本条规定线路水准基点控制网测量按二等水准网施测、轨排高程控制网测量按精密水准施测，是根据已开通运营的长沙磁浮交通工程高程控制测量方法制定的。长沙磁浮轨排控制点25m一个，点密度较大，因此此处轨排控制网高程测量点间距改为25～50m。

4.1.3 各等级高程控制测量可采用水准测量或精密光电测距三角高程测量方法。

条文说明

随着测量仪器精度的提高和测量技术的进步，精密光电测距三角高程测量可满足二等水准测量和精密水准测量的精度要求。

4.2　水准测量

条文说明

本节水准测量的主要技术指标参照现行国家标准《国家一、二等水准测量规范》（GB/T 12897）、《国家三、四等水准测量规范》（GB/T 12898）以及《工程测量规范》（GB 50026），并结合中低速磁浮交通工程测量的特点而综合制定。

4.2.1 各等级水准测量限差要求，应符合表4.2.1的规定。

表 4.2.1　水准测量限差要求（mm）

水准测量等级	测段、路线往返测高差不符值		测段、路线的左右路线高差不符值	附合路线或环线高差闭合差		检测已测测段高差之差
	平原	山区		平原	山区	
二等	$\pm 4\sqrt{K}$	$\pm 0.8\sqrt{n}$	—	$\pm 4\sqrt{L}$		$\pm 6\sqrt{R}$
精密水准	$\pm 8\sqrt{K}$		$\pm 6\sqrt{K}$	$\pm 8\sqrt{L}$		$\pm 8\sqrt{R}$
三等	$\pm 12\sqrt{K}$	$\pm 2.4\sqrt{n}$	$\pm 8\sqrt{K}$	$\pm 12\sqrt{L}$	$\pm 15\sqrt{L}$	$\pm 20\sqrt{R}$
四等	$\pm 20\sqrt{K}$	$\pm 4\sqrt{n}$	$\pm 14\sqrt{K}$	$\pm 20\sqrt{L}$	$\pm 25\sqrt{L}$	$\pm 30\sqrt{R}$

注：1. K 为测段水准路线长度，L 为水准路线长度，R 为检测测段长度，均以 km 计；n 为测段水准测量站数。

2. 当山区水准测量每千米测站数 $n \geqslant 25$ 站以上时，采用测站数计算高差测量限差。

4.2.2　各等级水准测量测站限差要求，应符合表 4.2.2 的规定。

表 4.2.2　水准观测的主要技术要求

等级	水准仪最低型号	水准尺类型	视距（m）		前后视距差（m）		测段的前后视距累积差（m）		视线高度（m）		数字水准仪重复测量次数
			光学	数字	光学	数字	光学	数字	光学（下丝读数）	数字	
二等	DSZ1、DS1	因瓦	≤50	≥3且≤50	≤1.0	≤1.5	≤3.0	≤6.0	≥0.3	≤2.8且≥0.55	≥2 次
精密水准	DSZ1、DS1	因瓦	≤60	≥3且≤60	≤1.5	≤2.0	≤3.0	≤6.0	≥0.3	≤2.8且≥0.45	≥2 次
三等	DSZ1、DS1	因瓦	≤100	≤100	≤2.0	≤3.0	≤5.0	≤6.0	三丝能读数	≥0.35	≥1 次
	DSZ2、DS2	双面木尺单面条码	≤75	≤75							
四等	DSZ1、DS1	双面木尺单面条码	≤150	≤100	≤3.0	≤5.0	≤10.0	≤10.0	三丝能读数	≥0.35	≥1 次
	DSZ3、DS3	双面木尺单面条码	≤100	≤100							

4.2.3　新购置的水准仪、水准标尺应进行全面检验。检验项目、方法和要求应按现行国家标准《国家一、二等水准测量规范》（GB/T 12897）和《国家三、四等水准测量规范》（GB/T 12898）中的有关规定执行。

4.2.4　DS_{05}、DS_1 水准仪 i 角误差应小于 15″，i 角误差检测应符合下列规定：

1　使用光学水准仪时，每天检校一次 i 角，在作业开始第一周内若 i 角较为稳定，以后每隔 15 天检校 1 次。

2　使用电子水准仪时，作业期间每天应在作业前进行 i 角测定。

4.2.5 各等级水准测量的观测方法，应符合表4.2.5的规定。

表4.2.5 水准测量的观测方法

<table>
<tr><td rowspan="2">等级</td><td colspan="2">观测方式</td><td rowspan="2">观测顺序</td></tr>
<tr><td>与已知点联测</td><td>附合或环线</td></tr>
<tr><td rowspan="2">二等</td><td rowspan="2">往返</td><td rowspan="2">往返</td><td>奇数站：后—前—前—后</td></tr>
<tr><td>偶数站：前—后—后—前</td></tr>
<tr><td rowspan="2">精密水准</td><td rowspan="2">往返</td><td rowspan="2">往返或单程闭合环</td><td>奇数站：后—前—前—后</td></tr>
<tr><td>偶数站：前—后—后—前</td></tr>
<tr><td>三等</td><td>往返/左右路线</td><td>往返/左右路线</td><td>后—前—前—后</td></tr>
<tr><td>四等</td><td>往返/左右路线</td><td>往返/左右路线</td><td>后—后—前—前或后—前—前—后</td></tr>
</table>

注：对光学水准仪，返测时奇、偶测站标尺的顺序分别与往测偶、奇测站相同。

4.2.6 水准测量的测站观测限差，应符合表4.2.6的规定。

表4.2.6 水准测量的测站观测限差（mm）

等级	项目		
	两次读数之差	两次高差之差	检测间歇点高差之差
二等	±0.5	±0.7	±1.0
精密水准	±0.5	±0.7	±1.0
三等	±2.0	±3.0	±3.0
四等	±3.0	±5.0	±5.0

4.2.7 测段往返测高差不符值超限，应先就可靠程度较小的测段往测或返测进行整段重测，并按下列原则取舍：

1 若重测的高差与同方向原测高差的不符值超过往返测高差不符值的限差，但与另一单程高差的不符值不超出限差，则取用重测结果。

2 若同方向两高差不符值未超出限差，且其中数与另一单程高差的不符值亦不超出限差，则取同方向中数作为该单程的高差。

3 若1中的重测高差（或2中两同方向高差中数）与另一单程的高差不符值超出限差，应重测另一单程。

4 若超限测段经过两次或多次重测后，出现同向观测结果靠近而异向观测结果间不符值超限的分群现象时，如果同方向高差不符值小于限差之半，则取原测的往返高差中数作往测结果，取重测的往返高差中数作为返测结果。

4.2.8 水准测量的数据处理，应符合下列规定：

1 四等及以上水准测量结束后，应以测段往返测高差不符值，按本规范式（4.1.1-1）计算每千米高差偶然中误差 M_{Δ}。当高程控制网的附合路线或环线个数超过 20 个时，还应以附合或环线高差闭合差，按本规范式（4.1.1-2）计算每千米高差全中误差 M_{W}。

2 水准测量应在全线外业测量结束和各项技术指标达到要求后采用严密平差方法进行整体平差，并进行精度评定。

4.2.9 当水准路线跨越江、河、湖塘时，应进行跨河水准测量，并应按下列规定执行：

1 跨河长度小于 100m 时，宜采用一般水准测量方法进行观测。观测时在测站上应变换仪器高观测两次，两次高差之差应小于 1.5mm，取两次观测的中数作为观测成果。

2 跨河长度大于 100m 时，应进行跨河水准测量。跨河水准测量可采用测距三角高程法或 GNSS 测量法，其技术要求应符合现行国家标准《国家一、二等水准测量规范》（GB/T 12897）的规定。

4.3 精密光电测距三角高程测量

4.3.1 精密光电测距三角高程测量主要用于困难山区或特殊条件下代替二等水准测量，所采用的全站仪应具有自动目标搜索、自动照准、自动观测的功能，仪器标称精度不应低于（0.5″、$1\text{mm}+2\times10^{-6}\times D$）。

条文说明

随着仪器精度的提高，精密光电测距三角高程可以完成二等及以下的高程控制测量，多年来高铁建设的实践经验已经验证。在操作中需要同时进行对向观测，减少或削弱地球曲率和大气折光的影响。

4.3.2 精密光电测距三角高程测量观测时应采用两台全站仪同时对向观测，不量取仪器高和觇标高，观测距离一般不大于 500m，最长不应超过 1 000m。

条文说明

根据现行行业标准《高速铁路工程测量规范》（TB 10601），由精密光电测距三角高程代替二等水准测量，需满足一定的观测条件。

4.3.3 精密光电测距三角高程测量的主要技术要求应符合表 4.3.3 的规定。

表 4.3.3　精密光电测距三角高程测量主要技术要求

等级	边长（m）	测回数	指标差较差（″）	测回间垂直角较差（″）	测回间测距较差（mm）	测回间高差较差（mm）
二等	≤100	2	±5	±5	±3	$\pm 4\sqrt{S}$
	100～500	4				
	500～800	6				
	800～1 000	8				

注：S 为视线长度，单位为 km。

4.3.4　精密光电测距三角高程测量应采用往返观测，观测中应测定气温和气压。气温读数至 0.5℃，气压读数至 1.0hPa，并在斜距中加入气象和仪器加、乘常数改正。

条文说明

本条中的往返观测是指水准点间按对向观测的要求独立进行往返观测，第 4.3.2 条中的同时对向观测只是一个单程测量。精密三角高程测量代替二等水准测量应进行往返测并计算往返测高差较差。

4.3.5　精密光电测距三角高程测量其他精度指标应满足本规范表 4.1.1 和表 4.2.1 的要求。

4.4　线路水准基点测量

4.4.1　线路水准基点应沿线路布设，水准线路应构成附合路线或闭合路线。

条文说明

线路水准基点服务于中低速磁浮交通规划、建设，对中低速磁浮交通线路规划和建设进行整体精度控制。因此，应沿中低速磁浮交通规划或建设线路进行设计、布设。

4.4.2　线路水准基点宜距线路中线 50～300m，每 1km 设置一个。线路水准基点可与平面控制点共用，也可单独设置。

条文说明

由于中低速磁浮交通工程对控制网的高程精度要求较高，且为便于与线上控制点联测，因此线路水准基点定为每 1km 设置一个。

4.4.3　线路水准基点应选在受施工变形影响区外稳固，便于寻找、保存和引测的地方，车站及车辆段布设的水准点不应少于2个。在区域地面沉降地段或地质不良地段宜每隔10 km埋设一个深埋或基岩水准点。深埋水准点可布设在线路附近稳定的永久性构筑物上，并按本规范附录图A.5.2或附录图A.6.3-1的要求埋设标石。

条文说明

由于城市建设开发或地下水开采，部分城市或地区地表沉降比较大，造成水准点沉降，因此水准点每间隔10km左右需埋设深桩水准点或基岩水准点。为方便施工，车站及车辆段附近应布设水准点，为加强检核，其数量不应少于2个。

4.4.4 线路水准基点埋设可采用混凝土预制桩或现浇桩，并按本规范附录A的要求埋设标石。

4.4.5 线路水准基点控制网按二等水准测量要求施测，应全线（段）一次布网、测量。水准路线应与不少于3个国家一、二等或城市一等水准点联测。

4.4.6 长度大于1km的地下结构贯通后，应在地下结构内测设线路水准基点。

4.4.7 线路水准基点控制网应在全线测量贯通和外业观测数据质量满足要求后进行严密平差和精度评定。

4.5 轨排控制网（CF Ⅲ）高程测量

4.5.1 轨排控制网（CF Ⅲ）高程测量宜采用自由测站三角高程测量方法施测，利用CF Ⅲ平面网测量的边角观测值求得相邻点高差，建立CF Ⅲ三角高程控制网，并按本规范附录E的规定构网。

条文说明

由于中低速磁浮交通工程轨道梁的结构的特殊性，采用水准测量方法较为困难，轨排高程控制网宜采用自由测站三角高程测量方法施测。自由测站三角高程测量方法是根据电磁波测距三角高程测量原理，利用轨排平面控制网测量的边角观测值，与轨排平面控制网测量合并进行，是一种先进的轨排高程控制网测量方法。中铁四院开展了自由测站三角高程测量方法研究，并在汉丹线、长沙磁浮交通等工程中进行大量的验证和应用，精度能够满足精密水准测量的技术要求。

4.5.2 轨排控制网（CF Ⅲ）高程测量应附合于线路水准基点，附合路线长度不应大于2km。

条文说明

为了保证线下工程与线上工程的相互吻合，轨排施工高程测量与线下施工高程测量均采用线路水准基点作为高程控制基准，要求轨排高程控制网测量附合于线路水准基点上。

4.5.3 当轨排结构与地面间高差较大，线路水准基点高程直接传递到轨排高程控制点上困难时，宜采用不量仪器高和棱镜高的中间设站三角高程测量法传递。中间设站三角高程传递应进行两组独立观测，两组高差较差不应大于2mm，满足限差要求后，取两组高差平均值作为传递高差。

条文说明

采用不量仪器高和棱镜高的中间设站光电测距三角高程测量方法，求出点 A 和点 B 的高差，如说明图 4-1 所示。

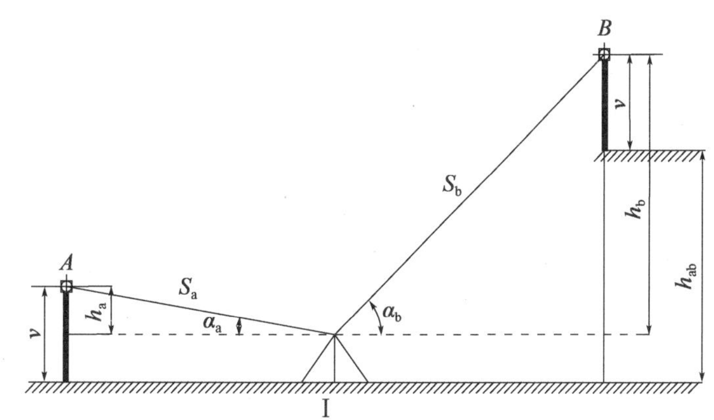

图 4-1　不量仪器高和棱镜高的中间设站光电测距三角高程测量示意图

中间设站光电测距三角高程传递应进行两组独立观测，第一组观测完成后，应将测站仪器位置挪动一点位置，然后进行第二组观测。两组分别按本规范第 4.5.4 条的规定观测，均满足精度要求后，计算出每组的高差测量值，比较两组高差测量值，其较差不应大于 2mm。

4.5.4 中间设站三角高程测量应符合表 4.5.4 的规定。仪器与棱镜的距离不宜大于100m，最大不应超过 150m，前、后视距差不宜超过 5m。

表 4.5.4　中间设站三角高程测量技术要求

全站仪标称精度	测回数	竖直角测量		距离测量	
		测回间竖盘指标差互差（″）	测回间竖直角较差（″）	同一测回两次读数较差（mm）	测回间距离较差（mm）
1″、 $1mm + 2 \times 10^{-6} \times D$	4	±5.0	±5.0	±2.0	±2.0

4.5.5 轨排控制网（CF Ⅲ）高程测量构网时，不同测站测量的两同名相邻点高差互差允许值应为 ±3mm，平差采用的高差值应根据测站至测段的距离取加权平均值。

条文说明

（1）测量的基本原理

在轨排平面控制网建网测量时，测量了自由测站到各轨排控制点的斜距和天顶距，这样从理论上而言，已经建立了自由测站点到各轨排控制点的三角高差关系。由于自由测站测量和轨排控制点测量标志的特殊性，高差关系中不需要量测仪器高和目标高，且轨排控制网的多余观测数比较多，因此三角高差关系精度比较高，可以直接利用轨排平面控制网建网测量时已经建立的自由测站到各轨排控制点的三角高差关系，通过一定的构网规则和特殊的数据处理平差计算方法得到各轨排控制点的高程，使之达到精密水准测量的精度。

（2）轨排高程控制网自由测站三角高程测量构网

根据经过球气差改正后的自由测站到各轨排高程控制点的单向三角高差，计算轨排高程控制点相邻点间的高差。相邻轨排高程控制点间都有 2 ~ 3 个测站所测量的高差，按照构成轨排高程控制网，按间接平差法开列高差观测值的误差方程进行平差计算。

（3）定权方法

根据中铁四院开展了自由测站三角高程测量方法研究以及长沙磁浮交通工程轨排高程控制测量的应用验证，轨排高程控制网的定权，可根据斜距与竖直角测量中误差，按照误差传播定律确定出三角高差的中误差，进而确定三角高差之间的权比关系。

轨排高程控制点间的高差是用测站点与轨排高程控制点间的高差计算得到的，因此对于轨排高程控制点 i、j 两点的高差 h_{ij} 存在如下式所示关系：

$$h_{ij} = s_j \sin\alpha_j - s_i \sin\alpha_i \tag{4-1}$$

对上式右边用泰勒公式展开，有下式：

$$\mathrm{d}h_{ij} = \sin\alpha_j \mathrm{d}s_j + s_j \cos\alpha_j \frac{\mathrm{d}\alpha_j}{\rho''} - \sin\alpha_i \mathrm{d}s_i - s_i \cos\alpha_i \frac{\mathrm{d}\alpha_i}{\rho''} \tag{4-2}$$

对上式利用误差传播定律，可得高差观测值中误差与竖直角中误差和距离中误差的关系为：

$$m_{h_{ij}}^2 = \sin_{\alpha_j}^2 m_{s_j}^2 + (s_j \cos\alpha_j)^2 \left[\frac{m_{\alpha_j}}{\rho''}\right]^2 + \sin_{\alpha_i}^2 m_{s_i}^2 + (s_i \cos\alpha_i)^2 \left[\frac{m_{\alpha_i}}{\rho''}\right]^2 \tag{4-3}$$

式中：$m_{h_{ij}}$——i、j 两点的三角高差观测值中误差；

m_{s_i}、m_{s_j}——测站点与 i、j 两点的距离观测值的中误差；

m_{α_i}、m_{α_j}——测站点与 i、j 两方向的竖直角观测值的中误差。

以竖直角的标称精度 δ_0 作为单位权中误差，则 i、j 两点的三角高差观测值的权为：

$$P_{ij} = \frac{\delta_0^2}{m_{h_{ij}}^2} \tag{4-4}$$

由于轨排高程控制网观测时，每个轨排高程控制点均有三个测站对其进行角度和距离观测，因此根据测站点与轨排高程控制点间高差计算得到的轨排高程控制点间的高差存在同名高差，即每两个轨排高程控制点间均有多个高差观测值。在进行同名高差合并时，采用加权平均合成，合成后高差的权可按以下方法进行计算：

设 h_1、h_2 为不同测站观测的同名高差，h 为合成后的高差值，P_1、P_2 为不同测站求得的同名高差的权，P 为合成后的高差的权；$D_{h_1h_1}$、$D_{h_2h_2}$ 为高差观测值 h_1、h_2 的方差，D_{hh} 为合成后高差值 h 的方差，其对应的协因素分别为 $D_{h_1h_1}$、$D_{h_2h_2}$、D_{hh}，则同名高差合成为：

$$h=\frac{P_1h_1+P_2h_2}{P_1+P_2} \tag{4-5}$$

因为前一测站与后一测站的观测值相互独立，按照误差传播定律，有：

$$Q_{hh}=\left(\frac{P_1}{P_1+P_2}\right)^2Q_{h_1h_1}+\left(\frac{P_2}{P_1+P_2}\right)^2Q_{h_2h_2} \tag{4-6}$$

$Q_{h_1h_1}=P_1^{-1}$，$Q_{h_2h_2}=P_2^{-1}$ 带入式（4-6），得：

$$Q_{hh}=\frac{1}{P_1+P_2} \tag{4-7}$$

即

$$P=P_1+P_2 \tag{4-8}$$

式（4-5）～式（4-8）便是同名高差合成后，其权的计算过程。

4.5.6 轨排控制网（CF Ⅲ）高程测量的观测值，除满足轨排平面控制网的外业观测要求外，还应满足表 4.5.6 的规定。

表 4.5.6 轨排高程网自由测站三角高程外业观测的主要技术要求

全站仪标称精度	测回数	测回间距离较差（mm）	测回间竖盘指标差互差（″）	测回间竖直角互差（″）
1″、$1\text{mm}+2\times10^{-6}\times D$	3	±1	±9	±6

条文说明

轨排控制网（CF Ⅲ）高程网测量外业观测的主要技术要求系根据行业标准现行《高速铁路工程测量规范》（TB 10601）要求，结合中铁四院开展的自由测站三角高程测量方法研究以及长沙磁浮交通工程轨排高程控制测量应用而制定。

4.5.7 轨排控制网（CF Ⅲ）高程网应对相邻 4 个 CF Ⅲ点所构成的闭合环进行环高差闭合差检核，环高差闭合差不应大于 1mm。

4.5.8 轨排控制网（CF Ⅲ）高程网应进行环高差闭合差和附合路线高差闭合差检核，并计算每千米高差偶然中误差和每千米高差全中误差，各项指标应符合本规范表 4.1.1 和表 4.2.1 中精密水准等级的要求。

4.5.9 轨排控制网（CF Ⅲ）高程网应采用线路水准基点为起算点进行严密平差，平差后的各项精度指标，应满足表4.5.9的规定。

表4.5.9 轨排控制网（CF Ⅲ）高程网平差后的精度指标（mm）

高差改正数	高程中误差	平差后相邻点高差中误差
±1.0	2	0.5

4.5.10 轨排控制网（CF Ⅲ）高程网可分区段构网测量与平差，区段长度与对应的轨排平面控制网区段长度一致。每一区段的轨排高程控制网需联测不少于3个线路水准基点。区段之间重叠点CF Ⅲ采用点对布设形式时不应少于2对，采用单点布设时不应少于2个，重叠点的高程较差不应大于3mm。满足要求后，新测区段的平差，应采用本区段联测的线路水准基点及重叠段区段的轨排高程控制点作为约束点进行平差计算，CF Ⅲ采用点对布设形式时约束点不应少于1对，采用单点布设时约束点不应少于2个。

条文说明

第4.5.7条～第4.5.10条规定轨排控制网的高程网内业数据处理的主要技术要求，系根据现行行业标准《高速铁路工程测量规范》（TB 10601），结合中铁四院开展的自由测站三角高程测量方法研究，以及长沙磁浮交通工程轨排高程控制测量实践应用而制定。

4.6 高程控制网复测

4.6.1 中低速磁浮交通工程建设期间，应加强高程控制网复测维护工作。控制网复测维护分为定期复测维护和不定期复测维护，定期复测应由建设单位组织勘察设计单位和施工单位实施，不定期复测维护应由施工单位实施。

条文说明

由于中低速磁浮交通工程建设的周期较长，水准点常常受到外界环境和施工建设的影响，应定期对其复测。

4.6.2 定期复测是对高程控制网的全面复测，复测内容、频次及数据处理应按下列要求执行：

1 施工单位接桩后，应对线路水准基点控制网进行复测。

2 CF Ⅲ高程网建网前，勘察设计单位应对线路水准基点控制网复测一次。

3 工程静态验收前，应对线路水准基点控制网、CF Ⅲ高程网复测一次。

4 施工单位在工程建设期间，应每半年对线路水准基点控制网复测一次。

5 复测时宜按逐级控制原则进行约束平差，困难时可选用测段内稳定的同级控制点进行约束平差，分段进行数据处理与分析。

条文说明

根据工程建设阶段，对定期复测进行了规定。CF Ⅲ高程网建网前复测和工程静态验收前复测主要针对控制网的勘察设计单位制定，其中CF Ⅲ高程网复测由建网的实施单位负责完成。一般情况下进行整网复测和数据处理，长大线路或分区段竣工且工期节点间隔较长的，可根据工程进展情况下分段复测；接桩复测和每半年一次复测主要针对施工单位制定。勘察设计单位在线路水准基点控制网复测时，一般情况下宜逐级控制进行约束平差，由于工程进度原因需要分段进行复测时或各施工单位独立进行复测时，无法严格按照等级控制要求进行平差计算，因此规定可采用同级控制点进行约束平差，但应注意对选用的约束点进行稳定性分析。

4.6.3 不定期复测是根据工程建设需要适时对高程控制网开展的复测，复测内容、频次和数据处理应满足下列要求：

1 施工期间复测周期不宜超过6个月。

2 特殊地区、地面沉降地区或施工期间出现异常的地段，应适当增加复测频次。

3 宜按逐级控制的原则进行约束平差，困难时可选用测段内稳定的同级控制点进行约束平差，分段进行数据处理与分析。

4 当复测较差超限时，应查明原因，由监理和设计单位确认。

条文说明

不定期复测主要由施工单位负责实施，由于各标段独立进行复测，有时无法严格按照等级控制要求进行平差计算，因此规定可采用同级控制点进行约束平差，但应注意对选用的约束点进行稳定性分析。监理单位在复测过程中应对观测过程进行确认，与设计单位成果较差超限时应报监理单位和设计单位确认。

4.6.4 线路水准基点控制网复测应符合下列规定：

1 复测时采用的起算点和控制网观测方案应与原测一致。

2 复测采用的观测方法、观测精度、数据处理和成果精度应与原测一致。

3 同一测段原测高差与复测高差的偏差允许值为$\pm 6\sqrt{L}$（L为测段长度，以km为单位）时，该测段高差稳定，不满足时应查明原因并进行复测确认，确认无误后可采用同精度内插方式更新成果。

条文说明

利用控制点高程中误差计算复测与原测高程较差限差公式推导如下：

复测与原测高程的较差为：$\Delta H = h_{复} - h_{原}$（其中ΔH为复测与原测高程较差，$h_{复}$为原测高程，$h_{原}$为原测高程）；由上式得到复测与原测高程较差的中误差为$m_{较差}$ =

$\sqrt{m_{复}^2+m_{原}^2}$；取2倍中误差作为高程较差的限差，并以$m_{限}$表示，则有$m_{限}=2\sqrt{m_{复}^2+m_{原}^2}$；本规范要求复测与原测精度一致，为方便统计，令$m_{复}=m_{原}=m$；最终高程较差的限差为$m_{限}=2\sqrt{2}m$。应注意的是，由于每个高程控制点的误差不一样，因此每个高程控制点的较差需要逐个计算并确定合格与否。

4.6.5 CF Ⅲ高程网复测应符合下列规定：

1 复测采用的起算点和控制网复测方案应与原测一致。

2 采用的观测方法、精度要求、数据处理等应与原测一致。

3 CF Ⅲ点复测与原测成果的高程偏差值满足±3mm，且相邻点复测高差与原测高差偏差满足±2mm时，采用原测成果。较差超限时应分析判断超限原因，确认复测成果无误后，宜对超限的CF Ⅲ点采用同精度内插方式更新成果。

4.7 成果资料整理

4.7.1 各级高程控制网外业工作结束后，应进行观测数据质量检核。检核的内容包括测站数据、水准路线数据、附合和闭合路线的高差闭合差等。数据质量合格后，方可进行平差计算与精度评定。

4.7.2 高程控制测量数据取位应符合表4.7.2的规定。

表4.7.2 高程测量数据取位要求

等　级	往（返）测距离总和（km）	往（返）测距离中数（km）	各测站高差（mm）	往（返）测高差总和（mm）	往（返）测高差中数（mm）	高　程（mm）
二等、精密	0.01	0.1	0.01	0.01	0.1	0.1
三、四等	0.01	0.1	0.1	0.1	0.1	1

4.7.3 高程控制测量完成后，应提交下列成果资料：

1 技术设计书。

2 外业观测手簿及仪器检定证书。

3 外业高差各项改正数计算资料。

4 测量平差报告。

5 高程成果表。

6 水准点点之记。

7 水准路线联测示意图。

8 技术总结报告。

9 以上资料的电子文档。

5 地形测绘

5.1 一般规定

5.1.1 地形测绘工作包括地形控制测量、地形图测绘、数字正射影像图制作、数字高程模型制作。采用 BIM（Buiding Information Modeling）技术设计的中低速磁浮交通工程，应制作三维地理信息模型。

5.1.2 根据各设计阶段的要求，地形图测绘包括 1∶500、1∶1 000、1∶2 000 等比例尺地形图的测绘。

条文说明

本规范仅对中低速磁浮、城市轨道交通等线状工程设计常用的 1∶500、1∶1 000 和 1∶2 000进行了相关规定，如果工程中需测绘其他比例尺的地形图（如 1∶200、1∶5 000 地形图），可参照相应国家规范执行。

5.1.3 地形测绘可采用数码航空摄影测量、机载激光雷达测量、全野外数字化测量等方法。

条文说明

本规范仅对地形测绘常用的方法进行了相关规定，随着技术的进步，会有更多的测绘方法和技术出现，在实际生产作业中，可根据相关技术的成熟度自行选择，相应测绘产品的精度和质量应满足现行国家和行业有关规范要求。

5.1.4 地形图图式宜按照现行国家标准《国家基本比例尺地图图式　第 1 部分：1∶500、1∶1 000、1∶2 000地形图图式》（GB/T 20257.1）执行。国家标准中没有规定的图式符号可作补充，应在技术设计书和技术总结中说明，并绘制相应的图式符号。

5.1.5 地形图基本等高距应符合表 5.1.5 的规定。

表 5.1.5　地形图基本等高距（m）

地形分类	比例尺		
	1∶500	1∶1 000	1∶2 000
平地类	0.5	0.5	0.5（1）
丘陵类	0.5	0.5（1.0）	1.0
山地类	（0.5）1.0	1.0	2.0
高山地类	1.0	1.0（2.0）	2.0

注：括号内表示根据用图需要可选用的基本等高距。

5.1.6　地形图平面精度应按下列规定执行：

地形图图上地物点相对于邻近平面控制点的点位中误差和地物点相对于邻近地物点的间距中误差应符合表 5.1.6 中的规定。森林、隐蔽等特殊困难地区可按表 5.1.6 规定值放宽 0.5 倍。

表 5.1.6　图上地物点相对于邻近平面控制点的点位中误差和地物点相对于邻近地物点的间距中误差（mm）

地形类别	中误差	
	地物点相对于邻近平面控制点的点位中误差	地物点相对于邻近地物点的间距中误差
平地、丘陵地	0.5*M*	0.4*M*
山地、高山地	0.75*M*	0.6*M*

注：*M* 为地形图比例尺分母。

5.1.7　地形图高程精度应按下列规定执行：

1　城市建筑区和基本等高距为 0.5m 的平坦地区，1∶500、1∶1 000、1∶2 000 地形图的高程注记点相对于邻近高程控制点的高程中误差不应大于 0.15m，困难地区放宽 0.5 倍。

2　其他地区高程精度应以等高线插求点的高程中误差来衡量。等高线插求点相对于邻近高程控制点的高程中误差宜符合表 5.1.7 的规定，困难地区可按表 5.1.7 的规定值放宽 0.5 倍。

表 5.1.7　等高线插求点的高程中误差（m）

地形类别	平　地	丘　陵　地	山　地	高　山　地
高程中误差	1/3*H*	1/2*H*	2/3*H*	*H*

注：*H*-基本等高距。

5.1.8　根据线路地形图特点，地形图宜采用自由分幅，图幅编号宜以项目名称加序号表示。

条文说明

通常情况下城市轨道交通、铁路等线状工程设计所需的地形图为带状地形图，按照设计要求，采用自由分幅。特殊情况下，需要分幅时，应在施测前进行分幅设计，图幅编号宜自设计起点沿线路前进方向按顺序进行。分幅处应避开城镇、重要建筑、道路交叉路口、设计的车站等处。当线路有比较方案时，宜将其测绘在同一幅图内。当设计对分幅有其他特殊要求时，以相关要求为准。

5.1.9 线路地形图成果的数据格式应符合现行国家标准《地理空间数据交换格式》（GB/T 17798）的规定。

5.1.10 地形图上各种名称、说明和数字应进行调查核实后准确注记。

5.1.11 地形图测绘内容应符合现行国家标准《工程测量规范》（GB 50026）的相关规定，并应对紧邻、下穿、跨越中低速磁浮交通工程的各项要素在技术报告中进行说明。

5.2 地形控制测量

I 图根控制测量

5.2.1 图根点可利用中低速磁浮交通工程的地面等级控制点或城市等级控制点进行加密。图根点密度应按表5.2.1的规定执行。地形复杂、隐蔽和建筑物密集地区应增加图根点数量。

表5.2.1 图根点密度（点/km^2）

测图比例尺	1∶500	1∶1 000	1∶2 000
数字测图法	64	16	4

5.2.2 图根点相对于邻近等级控制点的平面中误差不应大于图上0.1mm，高程中误差不应大于基本等高距的1/10。

5.2.3 图根点测量可采用全球定位系统实时动态测量（GNSS RTK）或导线测量方法。

5.2.4 采用GNSS RTK测量图根点时，应符合表5.2.4的要求。

表5.2.4 图根点GNSS RTK测量技术要求

相邻点间距（m）	点位中误差（cm）	边长相对中误差	起算点等级	流动站到单基准站间距离（km）	观测次数
≥100	5	1/4 000	四等及以上	≤6	2
			二级及以上	≤3	

注：采用网络RTK时，流动站到单基准站间距离不受此限制。

5.2.5 采用导线测量图根点时，应布设为附合图根导线且不应超过二次附合。当现场条件无法布设附合图根导线时，宜布设支导线，图根导线测量技术要求应符合表5.2.5的要求，并应按下列规定执行：

1 当附合导线长度小于表5.2.5中规定的1/3时，其坐标闭合差不应大于图上0.3mm。

2 边长测量正倒镜读数较差应小于5mm。

3 支导线长度不超过附合导线长度的1/3，边数不应超过4条。水平角应测左、右角各一测回。

4 隐蔽、困难地区，附合导线长度可放宽至表5.2.5规定长度的1.5倍。

表5.2.5 图根导线测量技术要求

比 例 尺	附合导线长度（m）	平均边长（m）	测回数（Ⅲ级全站仪以上）	导线相对闭合差	方位角闭合差（″）
1∶500	900	80	1	1/4 000	$\pm 40\sqrt{n}$
1∶1 000	1 800	150	1	1/4 000	$\pm 40\sqrt{n}$
1∶2 000	3 000	250	1	1/4 000	$\pm 40\sqrt{n}$

注：n-测站数。

5.2.6 图根高程控制测量采用水准测量、三角高程测量方法时，应按下列规定执行：

1 图根高程控制网应布设成附合路线形式。

2 图根水准测量应使用不低于DS3级水准仪，可采用单程观测，技术要求应按表5.2.6的规定执行。

3 电磁波测距三角高程测量宜与图根导线测量同时进行。垂直角对向观测各一测回，边长单程观测一测回，仪器高、棱镜或觇牌高应量至毫米。

表5.2.6 图根水准测量技术要求

附合路线长度（km）	视线长度（m）	闭合差（mm）
≤5	≤100	$\pm 8\sqrt{n}$或$\pm 30\sqrt{L}$

注：L-路线长度，单位为km。

5.2.7 图根高程控制测量采用GNSS高程测量方法时，应按现行行业标准《卫星定位城市测量技术标准》（CJJ/T 73）的规定执行。

条文说明

随着测绘技术的不断进步，目前像控点测量已普遍采用GNSS测量方法，因此本规范未对导线法测量像控点进行规定，如在实际工作中需采用导线测量法，可参照现行行业标准《铁路工程摄影测量规范》（TB 10050）相关规定执行。

Ⅱ 像控点测量

5.2.8 像控点宜采用卫星快速静态测量或 RTK 动态测量。像控点精度应满足：相对于邻近等级控制点的点位中误差不应大于图上 0.1mm，高程中误差不应大于基本等高距的 1/10。

5.2.9 像控点采用 GNSS 测量时，平面应按五等 GNSS 测量施测，高程测量可采用拟合法或大地水准面转换求得。

5.3 地形图测绘

Ⅰ 全野外数字化测图

5.3.1 全野外数字化测图可采用全站仪、卫星定位方法施测，相关技术要求应符合现行国家标准《工程测量规范》（GB 50026）的相关规定。

条文说明

地形图测绘也可根据项目的特点和作业单位设备和技术情况采用其他方法，但技术要求应符合现行国家标准《工程测量规范》（GB 50026）的相关规定。

5.3.2 全野外数字化测图宜采用测记法，并应现场绘制草图。有条件时宜拍摄影像留存。

5.3.3 采用全站仪测量方法时，仪器设置及测站上的检查应符合下列规定：

1 仪器对中的偏差不应大于 5mm，仪器高、目标高应读数到毫米。

2 应以较远的一点作为后视点定向，用其他点进行坐标和高程检查。坐标检核偏差不应大于图上 0.2mm，高程较差不应大于 1/5 基本等高距。

3 每站测图过程中和作业结束后，应进行定向方位检查。

5.3.4 采用卫星定位测量方法采集要素时，应进行重复抽样检核，检核偏差不应大于图上 0.2mm，高程较差不应大于 1/5 基本等高距。

Ⅱ 数码航空摄影测图

5.3.5 采用数码航空摄影测量方法测绘地形图包括航空摄影、像控点测量、野外调绘、空中三角测量、地形图测图、内业编图等流程。

5.3.6 数码摄影资料分辨率应符合表 5.3.6 的规定，摄影质量应符合现行国家标准《工程测量规范》（GB 50026）的规定。

表 5.3.6　数码摄影资料分辨率要求

成图比例尺	1∶500	1∶1 000	1∶2 000
分辨率（cm）	<8	8～10	15～20

条文说明

本规范中对数码影像分辨率的要求是最适宜值。

5.3.7　像控点布设宜根据航线数目选用航线网布点或区域网布点，像控点布设方法应符合现行国家标准《工程测量规范》（GB 50026）的规定。

5.3.8　像控点在像片上的位置应符合下列规定：

1　像控点应布设在航向三片重叠范围内和旁向重叠中线附近。

2　像控点点位距像片边缘不应小于 150 像素。

3　当旁向重叠过小，像控点在相邻航线不能共用时，应分别布点。

5.3.9　摄影测量中的各种定向误差应符合下列规定：

1　内方位恢复定向精度应小于 1 个像素。

2　恢复相对定向精度应小于 1 个像素。

3　绝对定向各点平面坐标残差平地及丘陵地区应满足小于图上 0.2mm、山区及高山应满足小于图上 0.3mm，高程定向各点残差应小于基本等高距的 1/3。

5.3.10　对于 1∶500、1∶1 000 比例尺测图，城市建筑区、平坦地区、铺装路面植被覆盖密集区域，高程注记点宜由外业实测，其余地区高程注记点和等高线均宜采用数字摄影测量方法进行测绘。

5.3.11　外业补充调绘时，应对航测内业成图进行全面实地检查，修测和补测，并根据设计要求决定是否对房檐进行改正。

条文说明

通常情况下 1∶1 000 和 1∶2 000 地形图无须进行房檐改正，1∶500 地形图需要房檐改正。是否进行房檐改正，可根据设计要求执行。

5.3.12　地貌、地物的采集和编辑，其符号库、线型库和字体库应符合现行国家标准《国家基本比例尺地图图式　第 1 部分：1∶500 1∶1 000 1∶2 000 地形图图式》（GB/T 20257.1）和《基础地理信息要素分类与代码》（GB/T 13923）的规定。

Ⅲ 机载激光雷达测图

5.3.13 采用机载激光雷达测量方法测绘地形图主要包括激光雷达数据和数码影像数据获取、激光雷达数据精化、数字地形图测图、野外调绘、内业编图等流程。

5.3.14 机载激光雷达获取的点云数据密度和高程精度要求应符合表5.3.14-1和表5.3.14-2的规定。

表5.3.14-1 点云密度要求

成图比例尺	数字高程模型成果格网间距（m）	点云最低密度（点/m^2）
1:500	0.5	16
1:1 000	1.0	4
1:2 000	2.0	1

表5.3.14-2 点云数据高程精度要求（m）

测图比例尺	地形类别	数字高程模型成果高程中误差	点云数据高程中误差
1:500	平地	0.2	0.15
	丘陵地	0.4	0.25
	山地	0.5	0.35
	高山地	0.7	0.50
1:1 000	平地	0.2	0.15
	丘陵地	0.5	0.35
	山地	0.7	0.50
	高山地	1.5	1.00
1:2 000	平地	0.4	0.25
	丘陵地	0.5	0.35
	山地	1.2	0.85
	高山地	1.5	1.00

注：在植被覆盖密集区域，水塘、河流等反射率较低区域及其他特殊困难地区，点云数据高程中误差在上表基础上可放宽0.5倍。

条文说明

一般按不大于1/2数字高程模型成果格网间距计算点云密度，平坦地区点云密度适当放宽，地貌破碎地区适当加严。

5.3.15 数码摄影资料应符合下列规定：

1 数码影像分辨率应符合本规范第5.3.6条的规定。

2 数字航摄仪获取的数字影像，飞行质量和影像质量应符合数字航空摄影相关标准的规定；非量测型数码相机获取的数字影像，飞行质量和影像质量应符合现行行业标准《低空数字航空摄影规范》（CH/Z 3005）的规定。

条文说明

数码影像分辨率可参照本规范第5.3.6条的规定，但机载激光雷达航线设计时宜以点云相关要求为主，影像为辅。

5.3.16 数据处理时生产的数字正射影像精度应符合相应比例尺地形图平面精度要求。

5.3.17 激光点云分类应符合下列规定：

1 自动分类。利用基于反射强度、回波次数、地物形状等算法或算法组合，对点云进行自动分类。

2 地面点提取。裸露地表处只有一次回波的反射点即为地面点。密林区域最后一次回波对应的反射点为待选地面点，以固定范围内高程最低激光点构造初始地表；依据地面坡度、高差等阈值进行迭代运算，提取合理的地表模型。

3 非地面点分类。根据点云数据中离散点的几何空间特征作为分类特征，提取非地面点中的建筑、铁塔、桥梁等典型地物要素。

4 人工编辑分类结果。对高差突变的区域，调整参数或算法，重新进行小面积的自动分类；采用人工编辑的方式，对分类错误的点手动分类。

5.3.18 基于机载激光雷达数据进行地形图测绘时，应符合下列规定：

1 等高线生成。等高线生成应采用精分类后的地面点，并按规范要求设置等高距。

2 高程注记点采集。高程点注记应基于精分类后的地面点采集，采集间隔和特征点位应符合现行国家标准《工程测量规范》（GB 50026）相关规定。

3 地物要素采集。应根据数据实际需求情况，结合点云、立体模型或数字正射影像多种手段采集地物要素，按现行国家标准《基础地理信息要素分类与代码》（GB/T 13923）的要求执行要素的分类与代码。

条文说明

基于机载激光雷达数据进行地物采集时，可以结合机载激光点云、数字正射影像或立体像对综合采集，对于采用以上方法仍无法准确确定的地物，应实地补测。

5.4 数字正射影像制作

5.4.1 数字正射影像（DOM，Digital Orthophoto Map）数据应包括影像数据、地理定

位信息和元数据。DOM 可根据需要叠加地名、高程注记及相关信息，并进行图幅整饰。

5.4.2 DOM 制作包括资料准备、影像预处理、定向、数字高程模型（DEM，Digital Elevation Model）数据导入、数字微分纠正、影像镶嵌、图幅裁切、成果检查和成果输出。

5.4.3 资料准备包括空三成果、控制测量成果、数字影像、数字高程模型（DEM）数据、既有的特征点、线数据等。

5.4.4 DOM 数据应符合下列规定：

1 正射影像图的平面位置中误差应满足本规范表 5.1.6 的规定。相邻像片正射影像镶嵌时，地物影像接边差不应大于图上 0.3mm；相邻图幅接边误差不大于图上 1.5mm。

2 DOM 数据的分辨率不应大于相应比例尺图上 0.1mm。

3 DOM 数据存储格式宜采用国际工业标准无压缩的 TIFF 或 GeoTIFF 格式，其中 TIFF 格式应有地理定位信息和地面分辨率信息文件。

4 DOM 黑白影像灰阶不低于 8bit，彩色影像灰阶不低于 24bit，灰度直方图宜呈正态分布。

5 DOM 应影像清晰、反差适中、色彩及色调均匀，应消除地物错位、扭曲、拉花、重影、叠置、丢失等现象，保证影像数据的连续、无缝和视觉一致性。

5.4.5 DOM 制作应符合下列规定：

1 DOM 分幅应按照内图廓线最小外接矩形范围或根据设计要求外扩至少一排栅格点影像进行裁切；裁切后按数据格式要求生成影像数据文件和地理定位信息文件。

2 元数据宜按现行国家标准《基础地理信息数字产品元数据》（CH/T 1007）规定录入。

条文说明

考虑到正射影像数据的特点和数据管理的便捷性，建议以正方形分幅。实际作业中，也可沿线路走向自由分幅。

5.5 数字高程模型制作

5.5.1 数字高程模型（DEM）数据宜用地面规则格网点或不规则三角网点数据，地形特征的关键部位应辅以特征点、线数据。

5.5.2 DEM 数据获取宜采用数码航空摄影测量法、机载激光雷达测量法或矢量数据生成法。

5.5.3 DEM 数据的基本格网尺寸宜为 1m×1m、2.5m×2.5m 或 5m×5m，也可根据需要选择不同的格网尺寸。DEM 格网点高程精度应符合表 5.5.3 的规定。森林等隐蔽地区的高程精度为格网点高程中误差的 1.5 倍，DEM 内插点的高程精度为格网点高程中误差的 1.2 倍。DEM 数据格网点高程精度要求见表 5.5.3。

表 5.5.3 DEM 数据格网点高程精度要求（m）

格网尺寸	地形分类			
	平地	丘陵地	山地	高山地
1m×1m	0.2	0.4	0.5	0.7
2.5m×2.5m	0.6	1.0	1.6	2.0
5m×5m	1.2	2.0	3.2	4.8

5.5.4 DEM 数据格式应符合下列规定：

1 DEM 数据格式宜采用现行国家标准《地理空间数据交换格式》（GB/T 17798）或指定的通用数据格式。

2 数据文件应包含文件头和数据体两个部分，文件头包括基本信息和扩充信息，扩充部分可省略。

5.5.5 采用数码航空摄影测量法进行 DEM 数据获取时，应符合下列规定：

1 特征点、线的量测应采用放大观测，测标精确切准地面。除地形特征线外，还需量测水涯线、森林区域边界线等与高程有关的要素。

2 单模型接边的 DEM 数据应检查接边重叠带内同名格网点的高程，其高程较差应小于 2 倍 DEM 高程中误差；镶嵌范围内所有像对 DEM 接边的同名格网点高程应取其均值，并形成接边精度报告。

3 DEM 应按照要求进行分幅，裁切宜外扩至少一排 DEM 格网。

5.5.6 采用机载激光雷达测量法进行 DEM 数据获取时，应符合下列规定：

1 点云中所有地面点均作为特征点进行数字高程模型构建。根据实际情况，可选择带有高程信息的精确匹配的道路特征线、河流边线及面状水域如湖泊、水库、池塘等范围线参与数字高程模型生成。

2 对生成的数字高程模型按现行行业标准《基础地理信息数字成果 1∶500 1∶1 000 1∶2000 数字高程模型》（CH/T 9008.2）的规定裁切，生成图幅数字高程模型。图幅数字高程模型跨航带或跨分块时，应通过拼接确保数据完整，接边处地形过渡自然。

5.5.7 矢量数据生成法可采用地形图矢量化生成的数据或提取数字地形图的数据作为数据源，其技术要求和工作方法应符合现行国家标准《工程测量规范》（GB 50026）的规定。

5.6 数字地理信息模型制作

5.6.1 数字地理信息模型的制作应根据中低速磁浮交通工程的设计阶段和使用需求制作，数字地理信息模型包括三维地形模型和中低速磁浮交通工程所涉及的相关要素三维模型。

条文说明

随着BIM技术在铁路设计中不断地研究与应用，地理信息模型的制作需求越来越多，由于目前基于BIM技术的铁路设计方法还处于发展阶段，实际作业时宜以满足项目BIM设计需求为主，本规范仅对通用性的数字地理信息模型制作进行了相关规定。

5.6.2 数字地理信息模型的精度可参照中低速磁浮交通工程相应设计阶段所需的地形图精度制作。

5.6.3 数字地理信息模型的格式宜采用通用、可交换的地理信息数据格式。

5.6.4 地形模型制作方法宜采用DEM + DOM建立。

5.6.5 中低速磁浮交通工程所涉及的相关要素三维模型可依据地形图轮廓线和要素相应高度建立，纹理可根据需求实拍或赋予标准纹理。

5.6.6 采用倾斜摄影实景建模方法建立数字地理信息模型时，应根据需求对植被下地形进行补测，并根据需要对实景模型进行单体化。

5.7 成果资料整理

5.7.1 地形控制测量应全面认真检查观测记录手簿、原始数据、平面坐标系统、高程系统、观测精度等；提交的成果资料包括控制点网示意图、原始观测数据、点位示意图、起算点成果、控制网成果、检查意见、技术设计书和技术总结报告等。

5.7.2 地形图测绘检查的主要内容包括平面坐标系统、高程系统、平面和高程精度、数据格式、数据组织、要素符号、线划的规格及完整性、文字注记、拓扑关系、接边等；提交的成果主要包括数字地形图、检查记录、技术设计书和技术总结报告等。

5.7.3 数字正射影像检查的主要内容包括数据格式、平面坐标系统、高程系统、平面精度、接边精度、影像质量、附件及现势性等；提交的成果主要包括DOM数据、技术设计书、技术总结报告、成果清单、检查报告等。

5.7.4 数字高程模型检查的主要内容包括数据格式、平面坐标系统、高程系统、格网间距、高程精度、接边精度、附件质量及现势性等；提交的成果主要包括 DEM 数据、DEM 元数据、技术设计书、技术总结报告、成果清单、检查报告等。

5.7.5 数字地理信息模型检查的主要内容包括数据格式、平面坐标系统、高程系统、平面高程精度、接边精度、附件质量及现势性等；提交的成果包括数字地理信息模型、元数据、技术设计书、技术总结报告、成果清单、检查报告等。

6 专项调查与测绘

6.1 一般规定

6.1.1 专项调查与测绘应包括调查收集或实地测绘线路沿线影响范围两侧及车辆段范围内的管线、建筑、水域、房屋拆迁和勘测定界等工作，其中桥涵勘测专项调查与测绘包括拆迁建（构）筑物、桥址中线两侧对噪声敏感的单位、工程用地，与桥梁相交的既有道路、桥梁、管道、电力线等的调查与测绘。

条文说明

专项调查与测绘是为中低速磁浮交通工程规划设计、建设提供基础测绘资料，因此对线路沿线影响范围两侧及车辆段范围内地面和地下的管线、建筑、水域、房屋拆迁以及勘测定界等进行调查与测绘。桥涵特殊工点勘测根据专业需求规定调查与测绘的内容。

6.1.2 调查收集既有管线、建筑、水域、房屋等资料，应包含以下具体内容：

1 名称、类型、用途。

2 相对位置关系。

3 修建年代或竣工日期。

4 产权单位或管理部门。

5 建设、勘察、设计、施工单位。

6 设计或竣工图纸。

7 现状调查核实。

8 特殊保护要求。

6.1.3 当调查收集的资料不满足要求或有缺漏时，应开展实地测绘。实地测绘应采用为线路建立的各级平面、高程控制点以及为测图所加密的图根控制点作为基准。

条文说明

专项调查与测绘各项成果的坐标和高程测绘，利用线路控制网点，主要是为了与为中低速磁浮交通工程所建立的线路平面坐标和高程保持一致，这样使用起来较方便，避免繁琐的坐标转换。

6.1.4 实地测绘细部点平面和高程测量可采用钢尺丈量法、全站仪极坐标法、GNSS RTK 法、水准测量法、三角高程测量法等。

6.1.5 勘察设计过程中，相关专业应及时与沿线规划部门、建设单位、施工单位进行沟通，收集沿线最新建（构）筑物、地下建筑物以及新增管线信息，使地形图、管线图及专项调查资料保持现势性。

条文说明

中低速磁浮交通工程勘察设计可能与城市其他建设工程如地下建筑物、地下管线、房屋等施工同步进行，对新增地下建筑物、地下管线、房屋等应随时了解、及时补充，保持成果资料的现势性，避免出现调查漏项，给今后工程建设带来不必要的变更。

6.1.6 专项调查与测绘应采用科学的技术手段以及先进的测绘探查设备，提高专项调查与测绘工作的可靠性和效率。

6.1.7 开展现场专项调查与测绘的作业人员，应遵守国家有关安全保护规定，进入城市道路、施工现场、地下建筑物内、各类检查井中，应采取有效的安全防护措施，防止交通事故、高空坠物砸伤、中毒、爆炸等意外事故的发生。

6.2 地下管线调查与测绘

6.2.1 对埋设在设计线路和附近的地下管线，除管径小于 50mm 的给水管道、管径小于 200mm 的排水管道及 200mm×200mm 的管沟外，均应进行调查与测绘。

条文说明

地下管线包括给水、排水、燃气、热力、工业和电力、电信等，一般管径小于 50mm 的给水管道和管径小于 200mm 的排水管道为入户支管，不在地下管线调查与测绘的范围内，现场调查与测绘时注意合理取舍。

6.2.2 地下管线调查与测绘前应向产权单位或管理部门收集和整理已有的各种地下管线、管沟、管廊图纸资料，包括设计图、施工图、竣工图及技术说明资料，并开展现场踏勘、调查核对。

条文说明

地下管线由于其用途不同，分属各有关部门敷设和管理，且敷设的年代亦不同，产权单位的单一管线资料往往按专业管线要素绘制，不能完全满足现行行业标准《城市地下管线探测技术规程》（CJJ 61）的要求。因此，向产权单位和管理部门搜集资料了解现场地下管线的埋设情况，是地下管线调查与测绘前的一项重要工作。

6.2.3 需要开展实地调查与测绘的，应在收集到的已有地下管线、管沟、管廊资料基础上，采用开井调查、仪器探查、现场量测、数据处理、内业成图等途径，获取地下管线数据成果，并编制地下管线图。

6.2.4 地下管线实地调查与测绘应包括下列内容：

1 管线的类型、用途、材质、规格、坐标位置、走向、埋设方式、埋深、埋设方法、产权单位和附属设施。

2 设计特殊需要时，应调查各类管道管节长度、接口形式、拐折点、管径变化位置、节（阀）门或检查井位置、载体特征（压力、流量流向）、使用情况（正常、废弃、渗漏）等。

3 对于地下管沟、管廊，应调查测绘其结构形式、断面尺寸、顶（底）板埋深、支护结构形式、变形缝设置情况等。

4 对于隐蔽地下管线宜采用物探方法查明其位置、走向、埋深。隐蔽管线探测时应确定其交叉点、分支点、转折点、变径点、起终点及附属设施中心点特征点在地面的投影位置，对设计、施工有特殊需要的位置也应进行探测。

5 管线图标注埋深位置应统一到管顶或管底，物探埋深位置应换算到地面至管顶的埋深。

条文说明

选择物探方法主要考虑以下因素：

工程设计施工要求——指对中低速磁浮交通工程施工区及其邻近的地下管线的调查与探测的要求，包括精度要求，通常由工程设计部门提出。

探查对象——指被探查管线的类型、材质、管径、载体、埋深、出漏情况、接地条件等。

地球物理条件——指地下管线与其周围介质之间的物理特性上的差异，以及周围的干扰场等。

根据以上条件，选择成本低、效果好、效率高且能满足要求的物探方法和仪器。例如：探查金属管线宜用电磁感应法，探查钢筋混凝土管道可用磁偶极感应法，在接地条件好的场地探测金属、非金属管道与人防巷道可用直流电法（电阻率法、充电法），探查金属、非金属管道及人防巷道，可用地质雷达法、地震波法，探查热力管道可用红外辐射法等。

6.2.5 地下管线调查与测绘技术要求应符合现行行业标准《城市地下管线探测技术规程》（CJJ 61）的规定。

6.3 地下建（构）筑物测绘

6.3.1 地下建（构）筑物测绘应包括地下的人防工程设施、交通设施（地下停车场、地下通道等）、公共服务设施（地下商场等）、仓储设施、综合体、地下隧道、综合管廊等及其出入口、附属设施的测绘等工作。

6.3.2 地下建（构）物应调查收集名称、权属、结构形式、外轮廓尺寸、顶（底）板埋深、原施工开挖范围、支护结构形式、抗浮措施、施工方法等内容。

6.3.3 地下建（构）筑物应进行平面图和细部测量。平面图可采用解析法、图解法、全站仪测量、三维激光扫描测量等方法。细部测量应测定建（构）筑物及其附属设施内轮廓的尺寸、高度等。

6.3.4 地下建（构）筑物壁厚可通过调查或探测方法来确定。

条文说明

地下建（构）筑物一般通过收集已有资料获得壁厚数据，也可采用物探的方法进行探测获取。

6.3.5 地下建（构）筑物测量技术要求应符合现行国家标准《城市轨道交通工程测量规范》（GB/T 50308）的规定。

6.4 跨越线路的建（构）筑物测绘

6.4.1 跨越线路的建（构）筑物测绘包括跨越线路的立交桥、桥梁、隧道、人行天桥、架空管道及管线等的测绘工作。

6.4.2 跨越线路的桥梁应调查收集结构形式、桥宽、桥长、跨度、基础形式及桥梁承载力、桥梁限载、限速、桥面破损情况、桩基参数、试桩资料、地基变形允许值及沉降观测等资料。

6.4.3 线路跨越的隧道应调查收集隧道的平面位置、顶（底）板埋深、断面尺寸、衬砌厚度、施工方法、原施工开挖范围、附属结构、变形缝设置及渗漏情况等资料。

6.4.4 线路为地面线路时，应调查收集地面道路的等级、路面材料、路面宽度、路基填料及填筑厚度、支挡结构及沉降观测等资料。

6.4.5 调查收集跨越线路的既有轨道交通线路的敷设方式、线路结构形式、道床形式、行车间隔、运行速度、车辆荷载、轨道变形控制值等资料。

6.4.6 跨越线路的建（构）筑物应测定其平面及其支撑结构的坐标和高程，电缆、电线等应测定与线路中线相交处的悬高。

6.4.7 跨越线路的建（构）筑物测绘可采用 GNSS RTK、解析法、图解法、三维激光扫描测量等方法。

6.4.8 跨越线路的建（构）筑物测绘技术要求应符合现行国家标准《城市轨道交通工程测量规范》（GB/T 50308）的规定。

6.5 水下地形测绘

6.5.1 线路穿越江、河、湖等水域时应进行水下地形测量，测量结束后应绘制水下地形图。

条文说明

水下地形图的测量范围和技术要求由设计单位提出。

6.5.2 水下地形测绘时应收集下列资料：

1 水系范围、防洪水位、通航要求、流速、水工建筑的地基情况。

2 既有水下地形测绘资料。

6.5.3 水下地形测绘采用断面法时，断面宜垂直于岸线，断面间距宜为图上 20mm，断面上测深点间距宜为图上 10mm。采用散点法时，测深点间距宜为图上 10 ~ 30mm。

6.5.4 水下地形测绘定位可采用前方交会法、极坐标法、GNSS RTK 等方法，点位误差在图上不应超过 ±2mm。

6.5.5 水下地形测深可采用测深杆、测深仪、测深锤等测深设备，测深设备在测量前应进行检校、检验；也可采用遥控测量船搭载测深仪进行无人水下地形测绘。

6.5.6 水下地形测深技术要求应符合现行国家标准《城市轨道交通工程测量规范》（GB/T 50308）的有关规定。

条文说明

水下地形测量本质上还是地形测量，考虑到水下地形测量的复杂性，精度指标在地形图测量基础上适当放宽。

6.6 房屋拆迁测量

6.6.1 房屋拆迁测量包括房屋拆迁定界、拆迁调查测量、拆迁房屋面积测量等内容。

6.6.2 房屋拆迁测量前，应收集下列资料：

1 房产测绘部门或房产行政主管部门已有的房产测绘档案数据。

2 拆迁范围内的现状地形图、航摄影像资料。

3 线路经过地区文物情况，包括文物等级、保护控制范围及要求。

条文说明

收集房产测绘部门或房产行政主管部门已有的房产测绘档案数据，主要是考虑在拆迁房屋面积测量时，对已进行过产权登记的房屋，不宜再进行房屋拆迁建筑面积测算。

6.6.3 拆迁定界应利用线路平面控制点以及加密的图根控制点，依据城市规划及设计条件对拆迁范围线进行实地测设。

6.6.4 拆迁调查测量应按下列规定执行：

1 现场逐户逐栋对照调查，缺漏的房屋实地调绘或补测，并拍摄能反映房屋现状、层数及结构特征的照片和视频。

2 现场调查记录房屋的朝向、权属、产别、结构、层数、高度、建成年代、用途等。

3 准确测量房屋的平面尺寸、层高，并记录门牌号、房（层）号、建筑结构类型和附属物数据。

4 房屋拆迁调查可使用钢尺、手持测距仪、全站仪，也可使用无人机进行房屋拆迁综合调查测绘。

6.6.5 拆迁房屋面积计算和统计应符合现行国家标准《城市轨道交通工程测量规范》（GB/T 50308）的有关规定。

6.6.6 房屋拆迁测量完成后，应提供下列资料：

1 房屋拆迁平面位置图。

2 房屋拆迁面积测算图。

3 房屋拆迁测量成果表。

4 房屋拆迁测量成果汇总表。

5 房屋拆迁测量报告。

6.7 勘测定界测量

6.7.1 勘测定界测量工作应包括收集资料、现场踏勘、土地权属调查、地类现状调查、放样测量、界址测量、绘制勘测定界图以及面积量算。

6.7.2 勘测定界测量前，应收集下列资料：

1 建设用地规划许可证。

2 批准的初步设计资料。

3 项目用地的审查意见。

4 区（县）行政界线以及证明材料。

5 土地勘测定界资料及有关权属界线资料。

6 土地利用现状调查图。

7 比例尺不小于1∶2 000的建设项目工程总平面布置图。

8 各类规划和初步设计资料所采用的平面坐标和高程系统的转换关系。

6.7.3 现场踏勘应实地调查用地范围内的行政界线、地类界线及地下埋藏物。

6.7.4 土地权属调查可根据建设项目用地范围及要求，现场指界、认界，实际调查测绘建设用地范围界线，调查所占土地的权属性质、登记发证状况。

条文说明

土地权属调查首先要查阅用地范围内的土地利用现状调查及土地登记的有关资料，并将用地范围内的权属界线、行政界线转绘到工作底图上。对于其他土地权属界线的确认，需要在当地国土资源行政主管部门的组织下，由相关权属单位有关人员按《土地利用现状调查技术规程》（1984年9月8日，全国农业区划委员会）、现行行业标准《地籍调查规程》（TD/T 1001）、《确定土地所有权和使用权的若干规定》〔（1995）国土（籍）字第26号〕要求共同到现场指界，并将权属界线测绘到工作底图上。

6.7.5 地类现状调查应对建设规划红线和四至范围内的土地分类进行实地调查、如实反映实地土地类别现状、地表植被和地面建筑。

条文说明

地类现状调查依据全国统一的土地分类，利用地籍图、土地利用现状图或地形图上的有关土地利用类型界线，通过现场调查及实地判读，将用地范围内及其附近的各土地利用类型界线测绘或转绘在工作底图上，并标注三级土地利用类型编号。同时对土地利用现状调查的土地利用类型进行核实，与实地不一致的，按变更地籍调查的有关规定处理。

6.7.6 放样测量包括界址点、界址线以及其他重要的界标设施和应加测的辅桩。界址桩放样埋设结束后，应进行界址测量，实测界址桩中心点坐标。界址点位确定时，应由勘测单位、土地管理部门、用地单位一起派人现场确认规划用地范围和用地界线。界址测量精度应符合下列规定：

1 界址点坐标相对邻近图根点的点位中误差不应超过 ±50mm。

2 界址边丈量中误差不应超过 ±50mm。

3 界址线与邻近地物或邻近界线的距离中误差不应超过 ±50mm。

条文说明

为检核界址放样的可靠性及界址坐标的精度，在界标放样埋设后，须进行界址点测量。界址测量一般采用极坐标法，须在已知控制点上设站。

6.7.7 勘测定界图可在土地利用现状调查图或地形图上编绘，或直接绘制。勘测定界图应包括界址点、权属界线、地类界线、用地面积，各种符号与注记应按勘测定界图图例绘制，绘图比例尺原则上与收集到的图形保持一致，不宜大于1∶2 000。

条文说明

勘测定界图是集各项地籍要素、土地利用现状要素和地形、地物要素为一体的区域性专业图件。勘测定界图是利用实测界址点坐标和实地调查测量的权属、土地利用类型等要素在地籍图或地形图上编绘或直接测绘。

6.7.8 面积量算一般采用坐标法，利用软件自动计算出所求面积，也可采用几何图形法手工求算。

6.7.9 勘测定界面积计算和统计应符合现行国家标准《城市轨道交通工程测量规范》（GB/T 50308）的规定。

6.7.10 勘测定界测量完成后，应提交以下成果资料：

1 勘测定界技术说明。

2 勘测定界表。

3 勘测面积表。

4 土地分类面积表。

5 用地范围略图。

6 界址点坐标成果表。

7 界址点点之记。

7 线路测量

7.1 一般规定

7.1.1 中低速磁浮交通工程线路测量包括线路控制测量、中线测量、纵横断面测量、隧道勘测、桥涵勘测和轨排施工前的中线贯通测量。

7.1.2 线路控制测量包括平面控制测量和高程控制测量，一般情况下应采用勘察设计阶段建立的平面和高程控制网，平面和高程控制网的技术要求应符合本规范第3章、第4章的规定。

条文说明

在进行中低速磁浮交通工程的线路中线测量时，一般情况下采用中低速磁浮交通工程专用的平面和高程控制网，当控制点的密度不能满足线路测量时，需要进行施工控制网加密测量。

7.1.3 在初、定测阶段不具备建立平面CFⅠ、CFⅡ和高程控制网条件时，可根据勘察设计的要求，建立满足初测、定测需要的勘测阶段平面和高程控制网，后续建立平面和高程控制网时，应每隔一定距离联测勘测控制网的控制点获取差异值并提供设计专业使用。

条文说明

线路勘测时首先建立基础平面控制网CFⅠ，当初测阶段比较方案多，布设CFⅠ控制网困难时，可先布设8km左右一对的GNSS控制点，便于进行勘测，如测量纵、横断面和补测地形等。初测阶段比较方案多，不具备线路水准基点作业条件，可先按四等水准测量精度要求布设初测水准点，满足初测高程测量需要。定测前，再沿线路进行二等水准测量，作为线路水准基点，以满足定测和施工需要。定测前，线路方案基本稳定后，全线应按二等水准测量要求建立线路水准基点控制网。

7.2 中线测量

7.2.1 线路中线测量应以勘察设计阶段建立的平面和高程控制网为基准。

7.2.2 线路中线测量前应对线路中线设计资料进行复核，数据无误后应根据线路设计要求编制中线测量作业方案。

条文说明

线路中线测量是指中低速磁浮交通工程初步设计阶段线路中线测量，需要依据地形图和沿线的重要建筑的位置等条件进行线路设计。测量单位施测前应对设计数据进行复核，再经过进行实地核实后，制定中线测量作业方案。

7.2.3 线路中线平面测量可采用全站仪极坐标和 GNSS RTK 等方法，高程测量可采用三角高程、水准测量和 GNSS RTK 等方法。

条文说明

采用 GNSS RTK 进行放线，具有放线误差不会累积、作业效率高的优点。为了验证线路控制桩的可靠性，可用不同的流动站对既有控制点进行测量验证。

7.2.4 线路中线测设时应钉设中线桩。双线线路左右线并行段应测设右线，标注右线贯通里程；左右线绕行区段，两线应分别测设，并分别标注左右线里程。

条文说明

根据调研，目前国内中低速磁浮交通工程均采用右线行车，设计时均以右线为准开展设计，因此规定中线测量时，以测设右线为准。双线平行地段，定出右线后，即可根据右线将左线放样。非平行地段，由于线路长度不一样，线路里程也不一样，应分别测设。

7.2.5 线路中线桩间距，直线段不宜大于 50m，曲线段不宜大于 20m。线路中线桩应包括公里桩、百米桩、曲线要素桩等，同时宜在车站两端和站中，线路平面曲线半径较小处，不同地物和地貌的分界点，线路中线与建筑物、铁路、公路的交点，地形起伏变化处，沟坎渠坡处，地下结构进出口处，中线桩应根据需要进行加密。

条文说明

中低速磁浮交通工程线路中线上的重要建筑物、铁路、公路以及地形起伏变化处、沟坎、渠坡等处，都是线路设计考虑的关键部位。中低速磁浮交通工程线路平面曲线半径普遍较小，目前已通车的长沙磁浮正线最小曲线半径仅为 100m，小半径处的中桩测量间距应适当加密。因此，在这些地方进行线路中线测量时，除满足本条上述的一般规定外，还需进行中桩的加密测设。

7.2.6 当中线桩位于河、湖或建筑上时，应测设指示桩，其精度应与中线桩相同，并应在指示桩上注明与中线控制桩的相对关系。对影响线路设计的建筑、墩柱和大型管道均应测定其特征点的坐标，并应核验该物体距相邻线路中线法线方向的距离。

条文说明

线路定线时，可能由于地形图的不准确或图解误差大，使设计的线路与某些建筑发生矛盾，因此需测定建筑物、构筑物等的坐标和高程，用解析数据核实线路位置和走向。

7.2.7 线路中桩的位置偏差允许值为 ±0.05m，纵向偏差允许值为 ±0.1m；中桩高程测量的检测限差，两次测量成果的差值允许值为 ±0.1m。

条文说明

中低速磁浮交通工程多位于城区或城郊，对中线桩测设的横向和纵向偏差应有一定限制，本条规定参照现行国家标准《城市轨道交通工程测量规范》（GB/T 50308）的相关内容。

7.3 线路纵横断面测量

7.3.1 线路纵断面测量应在中线测量的基础上，沿线路中线纵向进行逐桩断面测量，可根据需要进行加密断面测量。线路横断面测量应在中线及线路纵断面的基础上，沿线路中线的法线方向进行断面测量。

7.3.2 横断面测量可采用全站仪、GNSS RTK、数字地形图解析法、三维激光扫描等方法。利用数字地形图解析法测量纵横断面时，数字地形图的比例尺不应小于 1∶500。

条文说明

本条规定了线路纵横断面测量所采用的方法。采用数字地形图解析法测量纵横断面时根据地形图内容详细程度，比例尺较小时和地形图上测点间距较小不能满足设计需要，因此规定了数字地形图的最小比例尺要求。

7.3.3 横断面的施测长度、宽度、密度，应根据地形、地质情况和专业设计需要确定。

7.3.4 线路穿越河流湖泊时，在线路两侧应至少各加测一个河湖床断面，断面与线路中线的间距应根据设计对线路测量宽度的要求确定。线路周边的自来水厂、泵站、污水处理厂临近水域时，还应根据设计规定的测量范围、断面间距、测点间距以及测量精度进行取水口或出水口处的水域断面测量。

7.3.5 纵断面桩点间距直线段不宜大于25m，曲线段不宜大于15m。

7.3.6 横断面间距直线段不宜大于50m、曲线段不宜大于20m；横断面测量点间距宜为10m；横断面测量宽度应包括左线中线左侧、右线中线右侧各30m及两中线之间的全部范围。

7.3.7 纵断面测量精度及其他技术要求，应符合本规范第7.2.7条的相关规定。

条文说明

纵断面相当于中线测量的加密，本条规定了纵断面测量精度和技术要求与中线测量一致。

7.3.8 横断面测量精度应按下列规定执行：

1 采用航测法测量横断面点时，测量横断面点的距离偏差允许值为±0.3m，高差偏差允许值为±0.35m。

2 采用全站仪、GNSS RTK施测时，其检验限差应按式（7.3.8-1）和式（7.3.8-2）计算：

高差：
$$\pm\left(L/1\,000+h/100+0.2\right)\ \mathrm{m} \tag{7.3.8-1}$$

距离：
$$\pm\left(L/100+0.1\right)\ \mathrm{m} \tag{7.3.8-2}$$

式中：h——检测点至线路中桩的高差（m）；

L——检测点至线路中桩的水平距离（m）。

3 采用数字地形图解析法测量横断面时，横断面点的横距偏差允许值为±0.25m，高程允许偏差、地形检测点的检验偏差允许值为±0.1m。

条文说明

本条文对横断面测量精度做出了规定，条文中数字地形图解析法测量横断面的精度指标，按使用1:500地形图、横距误差不大于图上0.5mm、高程误差不大于1/3基本等高距取整所得，与航测法、全站仪法、GNSS RTK法的精度指标相适应。

7.3.9 采用航测法测量横断面时，应执行现行行业规范《铁路工程摄影测量规范》（TB 10050）的规定，并进行现场核对，对隐蔽地区进行补测修正。

7.4 地下结构勘测

Ⅰ 初 测

7.4.1 中低速磁浮交通工程初测阶段应根据专业设计要求对控制或影响线路方案的重点地下结构进行测绘。

7.4.2 重点地下结构的初测宜以勘察设计阶段建立的平面和高程控制网为基准。

7.4.3 重点地下结构勘测应满足下列要求：

1 以中线测量的精度，实地测设洞口附近的线路中线，测绘洞口附近线路纵断面，测量精度应符合本规范第7.2.7条的规定。

2 根据专业设计的需要测绘洞口横断面，测量精度应符合本规范第7.3.8条横断面测量的规定。

3 洞口1:500地形测量以及相关改建工程（沟、公路、道路）和其他工程，如弃渣、排污处理等的地形图测绘工作，可采用地形测绘的相关方法进行，测量内容和精度应符合本规范第5章地形测绘的相关规定。

条文说明

地下结构勘测的初测阶段以测量地下结构洞口附近的线路纵断面、洞口地形、横断面为主。

Ⅱ 定 测

7.4.4 根据线路设计方案，在线路中线测设的同时，应实地测设地下结构洞口，包括进、出口，斜井、竖井和辅助导坑洞口附近线路中桩和洞口纵断面，并符合下列要求：

1 洞口中桩间距不应大于5m，测量范围应满足洞口设计要求，从洞口前30m至仰坡顶天沟外10~20m。地下结构顶部应根据专业调查的需要进行加桩。

2 洞口中桩测设精度按本规范第7.2.7条的要求执行。

7.4.5 洞口附近的横断面一般5m左右测绘1个，宽度一般应测至边坡顶或坡脚外10~15m，测量精度应满足本规范第7.3.8条横断面测量的规定。

7.4.6 地下结构纵断面图的比例尺应根据设计要求确定，一般为1:200~1:5 000，应测至洞口外各500m，按设计要求进行测量。

7.4.7 对于浅埋地下结构，应根据设计需要测量地下结构纵断面和洞身横断面。

7.4.8 对利用初测阶段的 1∶500 洞口地形图应进行现场核对和必要的修测及补测，对没有地形图的隧道进出口、辅助坑道口及运营通风道口等应测绘 1∶500 洞口地形图。地形测绘的精度应满足本规范第 5 章地形测绘的相关规定。

7.5 桥涵勘测

Ⅰ 初 测

7.5.1 特大桥、控制或影响线路方案和技术复杂的桥渡均应绘制工点地形图，并按单独工点测绘桥位方案地形图、桥址地形图和桥址纵断面图。

7.5.2 桥位方案地形图测绘应按下列规定执行：

1 桥位方案平面图比例尺一般为 1∶2 000 ~ 1∶50 000。

2 测绘范围应满足桥位选定及桥头引线、桥渡建筑物和施工场地轮廓布置的需要，当有多个桥位方案时，宜测绘在同一张图上。

3 应测绘出水流泛溢范围、主要水流方向、新旧河道变迁情况和不良地质范围。图上应绘制各方案的线路导线、中线、经纬距、水文断面、水位点、历史最高洪水位泛滥线、洪水时的流向、航标和船筏走行线等。

条文说明

初测阶段桥位方案的确定一般在小比例尺地形图上进行比选，方案稳定时宜在大比例尺地形图上进行详细设计工作。

7.5.3 桥址地形测绘应符合下列规定：

1 桥址地形图比例尺一般为 1∶500 ~ 1∶10 000，特别复杂的局部地形可用 1∶200 比例尺。

2 测绘范围应满足桥梁孔跨、桥头路基和导流建筑设计物的需要。顺线路方向应测至两岸历史最高洪水位 2m 以上；对平坦地区的河流，当河滩过宽时，测绘范围不应小于桥梁全长加导流堤在桥址中线的投影长度；沿水流方向的测绘范围应根据设计需要确定。对受倒灌影响，有蓄水的桥渡，应根据实际情况确定测绘内容和范围。

3 图上应绘制线路中线和历史最高洪水位泛滥线等。

7.5.4 桥址纵断面测绘应符合下列规定：

1 桥址纵断面图应测至两岸线路路肩设计高程以上，当河滩较宽、洪水漫流时，则应满足桥梁孔跨、导流建筑物和桥头路基设计的需要。

2 当墩台位于较陡横坡上时，应增测其上、下游辅助纵断面或必要的横断面。

3 纵断面图比例尺一般为 1∶200 ~ 1∶1 000，测量精度应符合本规范第 7.2.7 条的要求。

7.5.5 大型改河改沟应实测改河改沟中线，并与线路中线进行联测，联测前应收集或实测下列资料：

1 改河（沟）地形图，比例尺 1∶500～1∶2 000。

2 改河（沟）河床中线纵断面，比例尺 1∶200～1∶500。

3 改河（沟）横断面，比例尺 1∶200。

7.5.6 一般桥涵初测应利用初测地形图现场调查核对，掌握其地形、地质、地貌、水文特征。

7.5.7 桥址地形图可采用地形图测绘的相关方法进行，测量精度及其他技术要求应符合本规范第 6.5 节的相关规定。水下地形点的平面位置和高程可采用 GNSS RTK、断面法或前方交会法配合水深测量设备进行测绘。

条文说明

桥址地形图测绘与地形图测绘及专项水下测绘的精度、方法、技术要求相同。

Ⅱ 定 测

7.5.8 桥（涵）址地形测绘应符合下列规定：

1 特大桥及大中桥一般可利用线路 1∶500～1∶2 000 平面图补测水下地形。

2 对于地形、地质、技术上复杂的桥梁和施工水深等于或大于 3m、水中基础需采取措施的桥梁应测绘 1∶500～1∶1 000 水下地形图。

3 对于地形、水文及附属工程复杂的小桥涵，应根据设计需要测绘 1∶500～1∶1 000地形图。

7.5.9 桥址中线测量应符合下列规定：

1 桥址中线测量先于线路勘测时，定测桥址中线控制桩每岸不应少于 2 个，间距不宜大于 500m，并应埋设混凝土标石，平面位置精度允许偏差值为 ±2cm、高程精度允许偏差值为 ±3cm。

2 陆地墩台中心、地势突变、与重要道路、线路、建（构）筑物相交等处应测设中线桩。

3 中线桩及加桩测量方法及限差应符合本规范第 7.2.1 条～第 7.2.7 条的相关要求。

7.5.10 桥址纵断面测量应符合下列规定：

1 桥址纵断面的测绘范围应测至两岸线路路肩设计高程以上，满足桥梁孔跨、导流建筑物和桥头路基设计的需要；地面横坡大于 1∶3、地质复杂的桥址，应在桥址中线上、下游 3～10m 处增测辅助纵断面。

2　桥址纵断面测量应在线路中线测量时一次完成，如线路中线加桩不足，可在地形变化处加密。

3　桥址纵断面测量方法及精度要求需满足本规范第 7.3 节纵断面测量的有关规定。

4　水下断面测点的位置可采用 GNSS RTK 等方法测定。水下断面测点的高程应利用测时水位和水深求算。水深可选用测深仪、测深杆或测深锤测定。

7.5.11　当墩台处地形、地质条件变化显著，或设计上有特殊需要时，应在桥墩（台）基础范围内布测墩（台）横断面。横断面宽度根据墩（台）或河、沟、渠的基础尺寸和实际地形确定，测量方法及限差应符合本规范第 7.3 节横断面测量的有关规定。

7.5.12　涵洞包括倒虹吸、泄水洞和渡槽应测量轴向断面。轴向断面测量应按下列规定执行：

1　断面应沿涵洞轴线方向测量，并测量涵洞轴向断面与线路中线的交角。

2　轴向断面测量高程偏差允许值为 ±0.1m，山区高程偏差允许值为 ±0.2m，横向偏差允许值为 ±0.2m。

7.5.13　小桥涵上、下游改沟纵（横）断面测量符合下列规定：

1　有改沟工程的小桥涵，应测量上、下游改沟纵、横断面及其与桥涵进出口的平面关系。

2　地形、地质复杂或纵坡特别平缓、改沟顺坡有困难时，则应实测改沟纵断面及代表性横断面。

3　对于上、下游的长大改沟工程，应实地测绘改沟平面图，比例尺为 1∶500～1∶2 000；纵断面图比例尺为 1∶200～1∶500；横断面图比例尺为 1∶200。

7.6　线路中线贯通测量

7.6.1　轨排铺设前应进行线路中线贯通测量，测量内容包括线路中线和横断面测量。

条文说明

中低速磁浮交通工程线下工程竣工后，在铺架轨排前，进行低置、高架、地下结构的线路中线测量主要是检核线下工程几何现状是否满足铺轨设计要求，同时贯通全线的实际里程、消除全线断高，必要时拟合调整设计线路。

7.6.2　线路中线贯通测量应符合下列规定：

1　线路中线贯通测量应满足轨排铺设条件评估的要求。中线上应钉设公里桩和加桩，并宜钉设百米桩。直线上中桩间距不宜大于 50m，曲线上中桩间距宜为 20m，小半径曲线适当加密。在曲线起终点、变坡点、竖曲线起终点、立交道中心、涵洞中心、桥梁墩台中心、隧道进出口、隧道内断面变化处、道岔中心、支挡工程的起终点和中间变化点等处均应设置加桩。

2 线路中线桩平面应利用CFⅡ控制点、施工加密控制点测设，桩位偏差允许值纵向为±（S/20 000 + 0.01）m（S为相邻中桩间的距离，以m计），横向为±10mm。

3 线路中线桩高程应利用线路水准基点测量，中桩高程偏差允许值为±10mm。

条文说明

本条文规定了线路中线贯通测量的内容、测点密度、横向、纵向、高程偏差要求，相应指标参考现行行业标准《高速铁路工程测量规范》（TB 10601）。

7.6.3 线路横断面测量应符合下列规定：

1 利用线路中线贯通测量测设的中线桩，测量路基、桥梁和隧道横断面。横断面的位置和密度与线路中线桩相同。

2 路基横断面测点应包括路基面高程变化点、路肩等。路基面范围各测点平面、高程测量偏差允许值为±20mm。

3 桥面横断面测点应包括左右轨排中心线、桥梁中心线，测量偏差允许值为±10mm。

4 地下结构横断面点应包括左右轨道中心线、线路中心线、排水沟、电缆沟、内拱顶、起拱线等处的特征断面点，测量偏差允许值为±10mm。

条文说明

本条文规定了轨排铺设前线路横断面测量的内容、测点密度、平面、高程精度要求及桥面横断面、地下结构横断面测量的特别要求，相应指标参考现行行业标准《高速铁路工程测量规范》（TB 10601）。

7.6.4 中线和横断面贯通测量成果可用于评估线路各类结构是否满足轨排铺设和限界要求。

8　低置结构施工测量

8.1　一般规定

8.1.1　中低速磁浮交通工程低置结构测量包含路基及附属结构、承轨梁等施工测量工作。

条文说明

中低速磁浮交通工程低置结构与铁路和城市轨道交通不同，除路基及附属结构外，路基上有承轨梁。

8.1.2　施工测量应以 CF Ⅰ、CF Ⅱ和高程控制网为基准，已有的控制点密度不能满足施工要求时，应进行控制网加密测量。平面加密控制网测量精度不低于本规范第 3.2.1 条中卫星定位控制网四等或本规范第 3.3.2 条边角控制网三等，高程加密控制网测量不低于本规范第 4.1.1 条中的三等。

8.1.3　低置结构测量工作开始前，应对施工设计资料进行核查。

8.1.4　低置结构承轨梁放样定位、立模及混凝土浇筑后拆模前应观测、核对位置与高程，并定期复核中线桩和水准点。

8.1.5　低置结构及过渡段在施工过程中应按本规范第 12 章相关规定进行沉降观测，直至沉降稳定并满足本规范第 12.3.3 条的要求，变形监测方案及成果应进行咨询评估。

条文说明

由于中低速磁浮交通对轨排的平顺性要求较高，低置结构及过渡段易发生沉降和不均匀沉降，因此规定应进行沉降观测并委托专门的单位进行咨询评估。中国铁建企业标准《中低速磁浮交通设计规范》（Q/CRCC 32803—2019）规定“路基工后沉降值应控制在允许范围内，并应进行系统的沉降变形观测和评估，沉降观测时间不应小于 6 个月，工后沉降分析评估满足要求后方可进行承轨梁施工”。

8.1.6 低置结构施工完成后应进行中线贯通测量及限界检查。

8.2 路基施工测量

8.2.1 路基施工平面测量可采用全站仪极坐标法，高程测量可采用水准测量或三角高程测量方法。

8.2.2 路基附属工程施工放样测量可采用全站仪、GNSS RTK 等方法。

8.2.3 支挡结构的施工放样应符合设计要求，结构尺寸偏差、基底及顶部高程偏差允许值为 ±5cm。

条文说明

参照现行国家标准《城市轨道交通工程测量规范》（GB/T 50308）规定执行。

8.2.4 对于挖方支挡结构，首先应放样开挖边界，施工中控制好开挖边坡坡度。边坡成型后，应使用专用的坡度尺，采用人工拉线修整控制边坡坡度。

8.2.5 边坡坡度采用从上至下逐级控制的方法时，应在上一级平台处理好平台宽度和与中线的宽度，然后采用相同的方法做好下一级坡度的控制，直至开挖到路基设计高程位置。

8.2.6 对于填方路基，应采用设计宽度适当加宽的办法先将路基填筑成形，待路基填筑至设计高程后，且自然沉降期达到要求后，放样出路基顶边坡起点宽度，然后利用机械或人工按设计坡度进行刷坡。

8.2.7 路基挡墙施工测量时，应以控制网放样挡墙控制轴线，并钉设挡墙轴线桩，同时按水准测量或三角高程测量方法测定轴线桩高程。

8.3 承轨梁施工测量

8.3.1 承轨梁施工平面测量可采用全站仪双测站极坐标法，高程测量可采用水准测量方法。

条文说明

承轨梁是中低速磁浮交通工程不同于铁路和城市轨道交通的重要结构，直接关系到轨排的安装定位，定位精度要求较高，因此平面要求采用全站仪双测站极坐标法，不能采用 RTK；高程采用水准测量，不能采用三角高程或 RTK 等方法。

8.3.2 承轨梁各部位施工测量允许偏差应满足表 8.3.2-1 和表 8.3.2-2 的要求。

表 8.3.2-1 承轨梁各部位尺寸允许偏差

<table>
<tr><th>序号</th><th>承轨梁形式</th><th colspan="2">项　目</th><th>允许偏差（mm）</th></tr>
<tr><td>1</td><td rowspan="4">实心式</td><td rowspan="3">尺寸</td><td>底板纵横向</td><td>±5</td></tr>
<tr><td>2</td><td>顶面纵向</td><td>±5</td></tr>
<tr><td>3</td><td>顶面横向</td><td>0，-5</td></tr>
<tr><td>4</td><td colspan="2">底板以上结构左右边缘距设计中心位置</td><td>±3</td></tr>
<tr><td>5</td><td rowspan="6">框柱式、支墩式</td><td rowspan="5">尺寸</td><td>底板纵横向</td><td>±5</td></tr>
<tr><td>6</td><td>纵梁纵横向</td><td>±5</td></tr>
<tr><td>7</td><td>框柱纵向</td><td>±5</td></tr>
<tr><td>8</td><td>框柱横向</td><td>0，-5</td></tr>
<tr><td>9</td><td>横梁</td><td>±5</td></tr>
<tr><td>10</td><td colspan="2">框柱与纵梁左右外边缘距设计中心线尺寸</td><td>±3</td></tr>
</table>

表 8.3.2-2 承轨梁各部位高程及平整度允许偏差

序号	项　目	高程允许偏差（mm）	平整度允许偏差（mm）
1	承轨梁顶面	±5	±5
2	垫层顶面	±10	±5
3	路基表层顶面	+10，-50	±10

条文说明

相对于其他低置结构，承轨梁施工精度要求很高，根据长沙磁浮施工经验和《长沙磁浮交通工程施工及验收暂行规定》（Q/HNCFGS 002）要求，制定承轨梁各部位尺寸允许偏差和承轨梁各部位高程及平整度允许偏差限值。承轨梁底与路基面间的混凝土垫层一般要求厚度不小于 10cm，因此在混凝土垫层施工前，宜先验证路基表层顶面平整度和高程是否满足要求。

8.4 低置结构现状及限界测量

8.4.1 低置结构施工完成后应以各级测量控制点为基准，进行现状及地面建筑限界测量。

8.4.2 低置结构施工完成后应按本规范第 7.6.3 条的要求进行横断面测量，并与设计值对比，路基测量宽度不应小于设计宽度。

8.4.3 地面建筑限界测量应根据车站或区间、直线或曲线段的设计要求分别进行限界断面测量，并应符合下列规定：

1 区间断面上限界点的位置由设计确定。

2 车站站台的限界点应包括站台面与轨面的高度、站台沿与轨道中心线的距离、屏蔽门与站台或轨道中心线的距离及设计指定的项目。

3 限界点里程测量偏差允许值为 ±50mm，至线路中线的横向距离测量偏差允许值为 ±10mm，高程的测量偏差允许值为 ±20mm。

8.4.4 限界测量成果应进行检核，接近限界尺寸的断面应进行复测确认。

8.4.5 限界测量完成后，应按设计要求提供测量成果表并绘制断面图。

9 地下结构施工测量

9.1 一般规定

9.1.1 中低速磁浮交通地下结构测量包括地面与地下联系测量、地下施工控制测量、结构物施工测量。

条文说明

地下结构施工主要有明挖法、盖挖法、盾构法、矿山法、沉管法及顶进法，地下结构测量包括地面与地下结构的联系测量、地下施工控制测量、结构物施工测量。

9.1.2 地下结构施工测量前，应按照规定的精度等级对地面的平面和高程控制网进行复核和加密测量。

条文说明

地下结构施工测量对工程影响大，容易造成侵界和废弃工程，加之洞外的起算点受施工干扰易发生位移和沉降，因此要求测量前对起算点进行检查确认，保证起算点的可靠性。

由于勘察设计阶段线路方案不稳定或地形复杂，地下结构进出口的控制点通视困难或难以满足施工需要，需要进行加密测量。

9.1.3 地下结构控制测量方案应根据贯通长度进行设计，确保横向和竖向贯通误差满足设计要求，当线路平面控制网点位不满足洞外控制测量要求时，应在线路平面控制网基础上同精度加密，建立地下结构施工控制网。

条文说明

结合现有规划、在建及建成中低速磁浮交通实际情况，线路穿越城区较多，相向贯通隧道长度一般较短，但考虑到磁浮工程的特殊性，要求针对地下结构贯通长度进行控制测量方案设计，必要时应提高地面控制网精度。

9.1.4 地下隧道和车站结构横向贯通测量偏差允许值 ±100mm，高程贯通测量偏差

允许值为 ±50mm。

条文说明

地下结构贯通后应立即进行地下结构CF Ⅱ控制网测量，并以 CF Ⅱ控制网成果进行结构限界测量，确保结构限界测量与轨排控制网基准一致。由于中低速磁浮交通属于城市轨道交通，贯通区间长度一般较短，并结合铁路、地铁施工经验，将地下隧道和车站结构贯通误差按现行行业标准《铁路工程测量规范》（TB 10101）中 4km 以下隧道标准执行，对两相向开挖于大于 4km 的隧道可参考现行行业标准《铁路工程测量规范》（TB 10101）执行。

9.1.5 地下结构开挖过程中应按设计要求及本规范第 12.3.4 条、第 12.3.5 条相关规定变形开展监测工作，变形监测方案及成果应进行咨询评估。

9.1.6 地下结构基坑开挖施工过程中，应按设计要求及本规范第 12.3.4 条规定做好基坑变形监测工作，变形监测方案及成果应进行咨询评估。

条文说明

基坑和地下结构工程变形监测直接关系到结构的稳定性和工程的安全性，影响承轨梁和轨排的安装，因此有必要进行专门的变形监测方案及成果的咨询评估。

9.1.7 地下结构内承轨梁各部位施工测量精度应满足本规范第 8.3.2 条相关要求。

9.1.8 地下结构贯通后应利用地下 CF Ⅱ控制点进行结构限界测量，并提供结构限界测量成果。

9.2 联系测量

9.2.1 联系测量应包括地面近井控制测量以及通过斜井、竖井等的定向测量和传递高程测量。

9.2.2 通过斜井的定向测量可通过洞外控制点以边角网测量的方法直接进洞，且应独立进行两次测量，测量合格后取平均值作为定向成果。

9.2.3 隧道贯通前的竖井联系测量工作不应少于 3 次，宜在隧道掘进到 100 ~ 300m、掘进至预计贯通面 1/3 时、掘进至预计贯通面 3/4 时分别进行一次，当隧道掘进较长或施工周期较长时应增加竖井联系测量次数。

9.2.4 当隧道单向贯通距离大于1 500m时，应采用高精度仪器设备或增加联系测量次数等方法，提高定向测量精度。

Ⅰ 地面近井控制测量

9.2.5 地面近井点包括平面和高程近井点，应埋设在井口附近便于观测和保护的位置，并标识清楚。

9.2.6 地面平面近井点可采用GNSS或边角网进行测设，当采用GNSS进行测量时，应满足本规范第3.2节二等网要求施测，采用边角网进行测量时应按下列规定执行：

1 进行导线点加密时，地面平面近井点与CFⅠ点应构成附合或闭合导线。

2 平面近井点应按本规范第3.3节中三等边角控制网相关技术要求施测。

9.2.7 高程近井点测量应起闭于线路水准基点，按本规范第4.1节二等水准测量技术要求施测。

Ⅱ 斜井联系测量

9.2.8 通过斜井进行联系测量应按下列规定执行：

1 平面坐标传递测量应利用近井控制点，采用边角控制网测量的方式沿斜井将平面坐标传递至地下，边角控制网测量主要技术要求见表9.2.8，各级边角控制网测量要求按本规范第3.3节要求施测。

表9.2.8 隧道内边角控制网测量主要技术要求

测量方法	测量等级	隧道长度（km）	洞外定向边/洞内导线边长度（m）
边角控制网	二等	8～20	≥400
	三等	2～8	≥300
	四等	≤2	≥200

2 高程传递测量应利用地面高程控制点，采用水准测量形式，沿斜井将高程传递至地下，其测量技术要求应符合本规范第4.1节二等水准测量技术规定。

条文说明

通过斜井平面坐标和高程传递测量可按边角控制网及往返测水准测量的方式开展联系测量工作，因此其平面和高程测量技术要求直接参照相应等级边角网及水准测量标准执行。由于隧道内观测条件差，为了减少测量误差，提高测量精度，在进行平面坐标传递测量时宜布设导线网，导线网的边长也应尽量长，减少测量环节。

Ⅲ 竖井联系测量

9.2.9 竖井联系测量包括坐标、定向边方位角和高程传递测量。

9.2.10 竖井平面联系测量可根据施工现场作业条件，选用一井定向、两井定向、全站仪悬挂钢丝、边角网直接传递等方法。

9.2.11 竖井高程联系测量可采用悬挂钢尺法或不量仪器高和觇标高的三角高程法。采用悬挂钢尺法测量时，钢尺应经过计量部门鉴定并施加标准重量的拉力，并进行尺长和温度改正，并独立进行三次测量，三次测量高差较差应小于±3mm，测量合格后取平均值作为高程联系测量值。

9.2.12 地下车站采用边角网直接传递法进行平面联系测量时，导线测设宜布设成网状，边角网测量技术要求应满足本规范表9.2.8的相关要求。

条文说明

现行国家标准《城市轨道交通工程测量规范》（GB/T 50308）对常规联系测量有相对明确的技术要求，一井定向法、两井定向法、陀螺全站仪和铅垂仪（钢丝）组合法、导线直接传递法、投点定向法技术较为成熟，在建及已建成的中低速磁浮交通工程项目中，地下结构贯通长度均不太长，按其标准控制联系测量精度是完全合适的。针对导线直接传递法，采用图9-1分层布点后，联系测量按边角网的图形条件进行分层传递，同步完成平面及高程的联系测量。

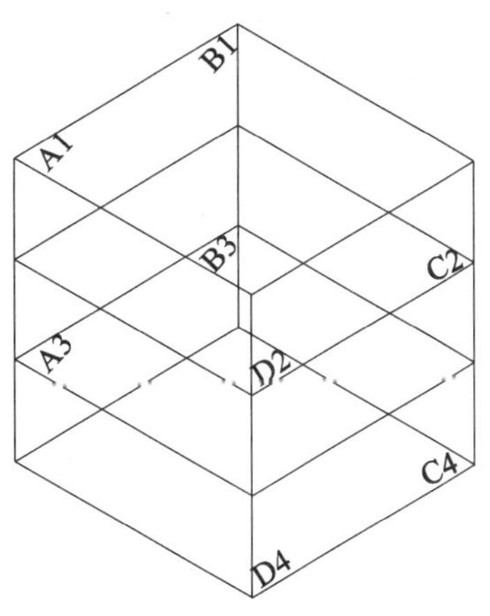

图9-1 传递点布设示意图

图中每层布设2处控制点，布设控制点时应保证A1-C2、A1-D2、B1-C2、B1-D2、C2-A3、C2-B3、D2-A3、D2-B3、A3-C4、A3-D4、B3-C4、B3-D4能互相通视，所有控制点尽量布设强制对中标。

对A-C、A-B、D-C、D-B的距离、水平角及竖直角进行观测，测量示意图见图9-2。

图中CF 01、CF 02、CF 03为地面上控制点，JX01、JX02、JX03、JX04为井下导线控制点，A、B、C、D为联系测量过程中的传递点，同一层A-B、C-D间利用水准观测的方式获取高差，不同层之间以三角高程测量的方式获取高差，将水准及三角高程数据纳入整网进行平差处理。

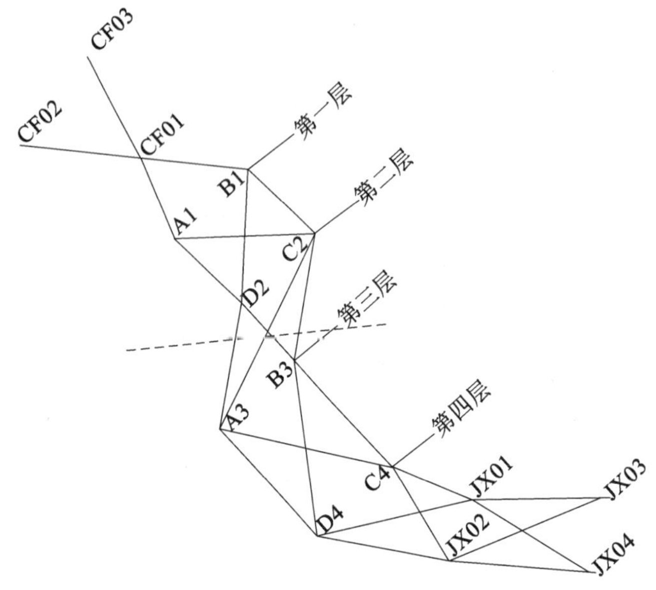

图 9-2　测量示意图

9.3　地下施工控制测量

9.3.1　地下施工控制测量包括地下平面和高程施工控制测量。

9.3.2　平面控制测量宜采用导线或自由测站边角交会网进行测量，高程控制测量应采用水准测量方法。

条文说明

传统的地下结构内平面施工控制测量采用单导线、双导线、导线环、导线网等方法；实践证明，在贯通长度不大于6km的情况下，自由测站边角交会网测量由于不需要仪器和棱镜对中等优势，能够提高平面控制网的精度。

9.3.3　平面控制测量按本规范第3.3节中三等边角控制网精度要求施测，高程控制测量按本规范第4章中二等水准测量的精度要求施测。

条文说明

结合现有铁路、城市轨道交通施工经验，为了提高隧道掘进施工控制网与贯通后CFⅡ及高程控制网的匹配性，减少不同等级控制网之间的系统性差异，本规范要求隧道施工时控制网精度与隧道贯通后CFⅡ及高程控制网精度一致。

9.3.4 地下结构内平面控制点点间距以 150～400m 为宜，小半径段或通视困难时可适当缩短；高程控制点宜与导线点共点，独立布设时点间距为 500m 左右。

条文说明

由于中低速磁浮交通时速低、转弯灵活，可能存在小半径曲线，因此规定平面控制点的点间距较短，且较为灵活。

9.3.5 地下结构内的平面和高程控制点标志，应根据施工方法和隧道结构形状确定，并宜埋设在隧道底板或两侧侧墙上，应注意布设在不易破坏且便于观测使用的地方。

9.3.6 每次进行平面、高程控制测量前，应对平面和高程起算点进行检测，确保其可靠性。

条文说明

由于地下平面和高程施工控制测量直接影响隧道掘进方向和高程，工程中经常遇见掘进偏离设计现象，因此应首先保证起算点的可靠性，再及时根据工程进展布设控制点并按要求进行测量。

9.3.7 地下结构掘进距离满足控制点间设计间距要求时应及时布设地下控制点，并进行地下施工控制测量。

9.3.8 相邻竖井或相邻车站地下结构贯通后，施工控制网应及时进行贯通测量。

9.4 地下施工测量

9.4.1 地下施工测量前应对接收的测绘资料进行复核，并对施工控制点进行检测，根据施工方法和现场控制点分布情况制定专项施工测量方案。

9.4.2 施工测量应以地下施工平面控制点测设地下结构中线，以地下施工高程控制点测设施工高程控制线。

9.4.3 地下结构每掘进 150m 左右，应对地下结构内平面和高程控制点进行检核，确保正确贯通。

9.4.4 施工放样应以地面或地下控制点为基准，重要结构物施工放样应独立进行两次。

9.4.5 地下结构贯通后，应进行横向和高程贯通误差测量。

条文说明

在地下结构施工过程中，为了及时掌握隧道结构是否满足结构限界要求，有条件时应进行隧道断面检测。

9.5 地下结构现状及限界测量

9.5.1 地下结构完工后，应以各级控制点为起算点，对结构进行横断面和底板纵断面测量，以检查地下结构现状及限界。

9.5.2 结构横断面和底板纵断面测量应按设计要求，直线段每 6m、曲线段每 5m 测量一个横断面和底板高程点，结构横断面变化段和施工偏差较大段应加测。

9.5.3 结构断面应垂直于线路中线，结构横断面上测量点的位置应按下列规定执行：

1 区间横断面上测量点的位置应为依据断面形式确定的建筑限界控制点或由设计指定位置的断面点。

2 车站站台的限界点应包括站台面与轨面的高度、站台沿与轨道中心线的距离、屏蔽门与站台或轨道中心线的距离及设计指定的项目。

3 横断面底板上的限界控制点应为线路中线点，各个断面底板上的线路中线点形成底板纵断面。

9.5.4 结构横断面测量可采用全站仪法、断面仪法、支距法、三维激光扫描法等。

9.5.5 横断面测量里程误差不超过 ±50mm，断面限界控制点测量与线路中线法距的测量误差不超过 ±10mm，高程的测量误差不超过 ±20mm。

9.5.6 底板纵断面上线路中线点高程测量里程误差不应超过 ±50mm，高程测量误差不超过 ±10mm。

9.5.7 纵、横断面测量成果应进行检核，接近限界尺寸的断面应进行复测确认。

9.5.8 结构横断面和底板纵断面测量完成后，应按设计要求提供测量成果表并绘制断面图。

10 高架结构施工测量

10.1 一般规定

由于中低速磁浮交通一般线路长度不长，目前暂无跨越大江大河（湖）的线路，因此未考虑建立桥梁独立控制网。高架结构工程与特大型桥梁线路工程和大型高架市政道路大体相同，因此参照特大桥引桥线路工程的特点，编制了高架线路结构施工测量的内容，制定了相应的测量限差，作为高架线路结构施工测量的标准。

10.1.1 中低速磁浮交通工程高架结构测量包括区间桥梁和高架车站的墩（柱）基础、墩（柱）及支座、承轨梁及其支承结构等的施工测量。

条文说明

高架结构包括区间桥梁、高架车站中的承轨梁及其支承结构。根据中低速磁浮交通工程的特点，本章节的测量主要包括墩（柱）基础、墩（柱）及支座、轨道梁及其支承结构等的施工测量。

10.1.2 高架结构的测量应在线路控制网 CF Ⅰ、CF Ⅱ和线路水准基点基础上进行，当控制点不能满足施工需要时，应同精度加密控制点。

条文说明

一般高架结构可直接利用线路控制网 CF Ⅰ、CF Ⅱ和线路水准基点建立施工控制网，特大桥梁或特殊情况下可建立独立控制网或布设加密控制点。

10.1.3 高架结构测量工作开始前，应对设计资料进行核查。

10.1.4 高架结构在施工过程中应按本规范第 12 章相关规定进行沉降观测并进行咨询评估，直至沉降稳定并满足本规范第 12.3.8 条的要求。

条文说明

由于中低速磁浮交通工程对轨排的平顺性要求高，因此对线下工程沉降量控制要求较高。根据中国铁建企业标准《中低速磁浮交通设计规范》（Q/CRCC 32803—2019）第 8.3.3 条规定：“相邻墩台基础工后沉降差限值为 10mm。”

10.1.5 高架结构及相邻结构施工完成后应按本规范第 7.6 节相关要求进行高架结构中线贯通测量，并按本规范第 10.5 节要求进行限界检查。

10.1.6 高架结构横向贯通误差应小于 ±100mm，高程贯通测量误差应小于 ±50mm。

条文说明

在高架桥结构施工中，由于多家单位以及非同时开工等情况的原因，都存在与相邻已完工结构衔接的问题。为了掌握结构衔接质量，有条件时应进行贯通测量，本条规定的横向贯通测量限差和高程贯通测量限差均为最低要求，且出现的概率较小。

10.2 墩（柱）基础施工测量

10.2.1 墩（柱）基础施工应利用线路控制点或加密点采用极坐标法、GNSS RTK 等进行放样，放样后应采用在不同测站进行重复测量的方法进行检核。

10.2.2 同一里程处对多柱或柱下多桩组合的基础放样应分别进行，放样后应对柱或桩间的几何关系进行检核。

10.2.3 墩（柱）基础放样精度应满足：纵横向位置偏差不应超过 ±20mm；高程偏差不应超过 ±40mm。

10.2.4 墩（柱）基础施工完成后，应进行基础承台施工测量。基础承台施工测量应按下列规定执行：

1 主要放样内容应包括中心或轴线位置、模板支立位置和顶面高程。

2 基础承台中心或轴线位置偏差不应超过 ±15mm、顶面高程偏差不应超过 ±20mm。

条文说明

第 10.2.3 条 ~ 第 10.2.4 条参照现行国家标准《城市轨道交通工程测量规范》（GB/T 50308）要求，并结合长沙磁浮工程施工以及《长沙磁浮交通工程施工及验收暂行规定》（Q/HNCFGS 002）要求制定。

10.3 墩（柱）施工测量

10.3.1 墩（柱）施工前，应对基础承台中心或轴线位置进行检核测量，合格后进行墩（柱）施工测量。

10.3.2 墩（柱）施工测量应按下列规定执行：

1 中心或轴线位置应利用线路控制点或施工加密点进行测设。

2 施工模板位置线应以墩（柱）中心和轴线控制，用全站仪进行检核。

3 模板支立铅垂度可使用全站仪、吊锤等进行测量。

4 模板顶部高程可采用三角高程等方法进行测量，并应在内模标记设计高程线。

10.3.3 浇筑混凝土前，应对墩（柱）轴线和模板垂直度等进行复核测量，墩（柱）轴线偏差允许值为±10mm，垂直度偏差应小于1‰。

10.3.4 墩（柱）施工完成后，应按下列要求测定墩（柱）顶帽中心坐标和高程：

1 利用施工测量控制点，将墩（柱）中心独立两次投测到墩（柱）顶帽，两次投测较差允许值为±3mm；以两次投点连线的中点作为最终投点。中心固定后应测量其点位坐标，实测坐标与设计坐标较差允许值为±10mm。

2 利用水准仪、悬吊的钢尺或全站仪，测量墩（柱）顶部高程。顶部高程应按要求独立测量两次，其较差允许值为±5mm，并以两次测量高程的均值作为最终高程。

10.3.5 墩（柱）允许误差还应符合表10.3.5的规定。

表10.3.5 墩（柱）允许误差

序号	项目		允许误差（mm）
1	墩（柱）前后、左右边缘距设计中心线尺寸		+20，0
2	简支梁与连续梁	支承垫石顶面高程	0，-3
		每孔（联）梁一端两支承垫石顶面高程	±3

条文说明

第10.3.1条～第10.3.5条规定主要参照现行国家标准《城市轨道交通工程测量规范》（GB/T 50308）要求，并结合长沙磁浮工程施工以及《长沙磁浮交通工程施工及验收暂行规定》（Q/HNCFGS 002）要求制定。

10.4 桥梁、承轨梁施工测量

10.4.1 悬臂浇筑梁段偏差应满足：桥梁轴线偏差允许值为±10mm，桥梁顶面高程偏差允许值为±10mm。

10.4.2 支座安装允许偏差应符合表10.4.2的规定。

表10.4.2 支座安装允许偏差

<table>
<tr><th>序号</th><th colspan="2">项　目</th><th>允许偏差（mm）</th></tr>
<tr><td>1</td><td colspan="2">支座中心线与墩台十字线的纵向错动量</td><td>±15</td></tr>
<tr><td>2</td><td colspan="2">支座中心线与墩台十字线的横向错动量</td><td>±10</td></tr>
<tr><td>3</td><td colspan="2">支座板每块板边缘高差</td><td>±1</td></tr>
<tr><td>4</td><td colspan="2">支座螺栓中心位置偏差</td><td>±2</td></tr>
<tr><td>5</td><td colspan="2">同一端两支座横向中心线间的相对错位</td><td>±5</td></tr>
<tr><td>6</td><td colspan="2">4个支座顶面相对高差</td><td>±2</td></tr>
<tr><td rowspan="2">7</td><td rowspan="2">同一端两支座中心间的横向距离</td><td>偏差与桥梁设计中心线对称</td><td>+30，-10</td></tr>
<tr><td>偏差与桥梁设计中心线不对称</td><td>+15，-10</td></tr>
</table>

10.4.3 预制承轨梁安装允许偏差应符合表10.4.3的规定。

表10.4.3 预制承轨梁安装允许偏差

<table>
<tr><th>序号</th><th colspan="2">项　目</th><th>允许偏差（mm）</th><th>检 验 方 法</th></tr>
<tr><td rowspan="2">1</td><td rowspan="2">平面位置</td><td>梁轴线（纵向）</td><td>±5</td><td rowspan="2">全站仪</td></tr>
<tr><td>梁轴线（横向）</td><td>±5</td></tr>
<tr><td rowspan="2">2</td><td colspan="2">相邻两构件支点处高差</td><td>±5</td><td rowspan="2">钢尺</td></tr>
<tr><td colspan="2">相邻构件接缝宽度</td><td>±10</td></tr>
<tr><td rowspan="3">3</td><td rowspan="3">支座板</td><td>每块位置</td><td>±5</td><td rowspan="2">钢尺量，纵横各计1点，用水准仪测量，纵横各计1点</td></tr>
<tr><td>每块边缘高差</td><td>±1</td></tr>
<tr><td>每跨梁同端两支座高差</td><td>±2</td><td>水准仪</td></tr>
</table>

条文说明

第10.4.1条~第10.4.3条主要参照现行国家标准《城市轨道交通工程测量规范》（GB/T 50308）要求，并结合长沙磁浮工程施工以及《长沙磁浮交通工程施工及验收暂行规定》（Q/HNCFGS 002）要求制定。

10.5 高架结构现状及限界测量

10.5.1 高架结构完工后，应以各级控制点为起算点，进行建筑现状及限界测量。

10.5.2 高架结构建筑限界测量应根据车站或区间、直线或曲线段的设计要求分别进行建筑限界断面测量，并应按下列规定执行：

1　建筑限界横断面应垂直于线路中线，断面间距直线段宜为 12m，曲线段宜为 10m。

2　区间建筑限界横断面上测量点的位置应设置在防撞墙上或由设计指定位置的断面点。

3　车站站台侧的建筑限界断面点测量内容应包括站台面与轨面的高度、站台沿与轨道中心线的距离、屏蔽门与站台或轨道中心线的距离及设计指定的项目。

4　横断面底板上的限界控制点应为线路中线点，各个断面底板上的线路中线点形成底板纵断面。

10.5.3　断面测量、建筑限界断面测量方法和精度要求应符合本规范第 9.5.4 条～第 9.5.8 条的规定。

11 轨排及道岔施工测量

11.1 一般规定

11.1.1 轨排及道岔施工前应按本规范第 3 章和第 4 章的要求建立轨排控制网（CF Ⅲ），轨排及道岔施工测量应以轨排控制网（CF Ⅲ）为控制基准。

条文说明

为了保证各工序之间的顺利衔接，规定轨排及道岔施工各工序均应以轨排控制网 CF Ⅲ 为基准进行测量。

11.1.2 轨排及道岔施工前应按设计文件进行线路中线贯通测量，包括承轨梁、道岔梁、库内立柱、承轨台等检查验收测量。

条文说明

为保证线下基础工程下部结构物与线上轨排工程上部结构物相互衔接，线下结构物的位置偏差应在允许范围内，因此轨排施工前应对线下基础工程进行中线贯通测量。

轨排支撑结构形式，区间和车站采用承轨梁形式，车辆段及车库内采用支墩、立柱的形式。

承轨台位于承轨梁与轨排之间，它承接由轨排及扣件传递来的各种作用力，再将其传递至承轨梁。承轨台与承轨梁之间设置预埋钢筋连接并以混凝土浇筑。

11.1.3 轨排施工前，应检查承轨梁的梁面高程、梁体宽度、梁体轴线、梁缝里程和梁缝宽度以及承轨梁梁面的承轨台预埋连接筋的位置等。

11.1.4 轨排应检测合格后方可进场进行现场拼装。

条文说明

磁浮轨排的装配偏差应符合现行行业标准《中低速磁浮交通设计规范》（CJJ/T 262）的规定。轨排进场应参照厂内轨排组装验收要求，按照设计图纸、技术规格书、设计规范等相关要求，对轨排进行检查验收，以保证轨排精度满足轨排精调要求。

11.1.5 轨排控制网（CF Ⅲ）测量成果应通过评估或验收，合格后方可使用。

11.1.6 轨排及道岔施工完成后，应进行轨排几何状态贯通测量，静态平顺度应满足表 11.1.6 的要求。

表 11.1.6 轨排静态平顺度要求

项目	容许偏差值	备注
轨距	±1mm	—
水平	±3mm	四磁极面水平共面度
高低	1.5mm/4m	单磁极面沿轨道方向平面度，测量弦长 4m 或 10m
	3mm/10m	
轨向	1.5mm/4m	单磁极面沿轨道方向直线度，测量弦长 4m 或 10m
	3mm/10m	
轨缝错位	±1mm	相邻轨排之间的竖向/横向轨缝错位

条文说明

根据中国铁建企业标准《中低速磁浮交通设计规范》（Q/CRCC 32803—2019）要求制定。

11.2 轨排施工测量

11.2.1 轨排施工测量使用的全站仪标称精度不应低于（1″，$1\text{mm}+2\times10^{-6}\times D$），水准仪标称精度不应低于 1mm/km。

条文说明

轨排施工采用测量方法及测量仪器配置精度应满足轨排铺设精度并满足设计要求。根据长沙磁浮工程的经验，本规范规定轨排施工测量使用的全站仪标称精度不应低于（1″，$1\text{mm}+2\times10^{-6}\times D$），水准仪标称精度不应低于 1mm/km。

11.2.2 轨排精调测量使用的 CF Ⅲ测量标志组件，应与轨排控制网测量时规格和精度相同。

条文说明

轨排精调测量使用的 CF Ⅲ测量标志组件与轨道控制网测量时采用相同的规格，避免标志组件不同引入误差。

11.2.3 轨排精调测量前应对全站仪进行检校，作业期间仪器须在有效检定期内。精调测量时应进行温度、气压等气象元素改正，温度读数精确至0.2℃，气压读数精确至0.5hPa。

条文说明

保证轨排精调作业精度，作业期间仪器须在有效检定期内，精调测量前须按要求对全站仪进行检校，并且正确输入影响测量精度的气象参数。

11.2.4 轨排粗铺应按下列规定执行：

1 轨排铺设前应根据轨排控制网在承轨梁上标定轨排定位点，轨排定位点放样纵横向允许限差分别为±2mm、±1mm。

2 利用限位装置对轨排进行粗铺，纵横向粗铺误差宜小于±5mm。

条文说明

轨排粗铺的误差应在轨排精调允许的空间范围内。根据轨排粗铺允许误差、定位点测设可达到的精度和轨排定位可达到的精度，合理配置定位点测设误差范围和轨排定位的误差范围。每一设站测量距离应在本站设站控制点范围内及满足测设精度的距离内。

11.2.5 轨排精调应在设计锁定轨温规定的温度变化范围内进行。

条文说明

设计锁定轨温又称中和轨温，它是根据线路结构的具体条件，通过轨排强度和稳定性的计算确定的。锁定轨温是指轨排温度应力状态为零时的轨温（又称零应力轨温）。

11.2.6 轨排精调测量依据轨排控制网，应采用全站仪自由设站测量方法进行三维测设。全站仪自由设站测量观测的轨排控制点采用点对布设时不应少于3对，采用单点布设时不应少于4个；更换测站时，相邻测站重复观测的轨排控制点纵向不应少于2个。自由设站点精度应符合表11.2.6的规定。

表 11.2.6 自由设站点精度

项　目	x（mm）	y（mm）	h（mm）	方向（″）
中误差	1.0	1.0	1.0	3.0

条文说明

自由设站是在工作区域的线路中线附近任意一点架设全站仪，测量线路两侧多对轨排控制网CFⅢ点的方向和距离，通过多点边角后方交会原理获取仪器中心点的平面和高程位置。为了保证测量精度，应有一定的多余观测量。另外，为了相邻设站间的平顺搭接，要求相邻设站间应有一定的重复观测点。

全站仪自由设站完成后，全站仪自由设站程序会计算自由设站点精度和观测的已知点的坐标不符值。自由设站的精度应满足本规范表 11.2.6 的规定后，才能进行轨排精调测量。

11.2.7 轨排精调应按下列规定执行：

1 采用六个精调标志组件精调轨排时，精调标志组件应设在轨排定位标志上，头、尾和中部的精调支撑架应设置在定位标志附近，使用精调支撑架调整轨排几何状态，实现轨排纵向、横向及竖向调整。

2 轨排精调支撑架设置部位应保证支撑架间距内的轨排纵向出现的挠度符合轨排平顺性的要求，以保证相邻轨排平顺搭接。

3 测量待调轨排上精调标志组件的三维坐标，根据实测值与设计值较差，对轨排进行纵向、横向和竖向调整，轨排空间位置调整应按纵向、横向、竖向的顺序进行。

4 全站仪设站点与待调轨排的距离应为 10～50m，每一测站精调的轨排数不应多于 3 榀，换站后应对上一测站的最后一榀轨排搭接端进行横向和竖向检测，允许偏差为 ±2mm。

5 轨排定位限差横向、纵向和竖向均不应超过 ±2mm，相邻轨排搭接横向和竖向较差不应超过 ±1mm，相邻轨排纵向轨缝误差不应超过 2mm。

条文说明

轨排精调是根据轨排测量数据对轨排空间位置进行的精确分析调整，使轨道精度达到规范标准，满足行车平稳、舒适运行要求。精调前，应对精调标志组件和轨排精调支撑架进行专门的设计，根据长沙磁浮工程的建设经验：

（1）精调标志组件安装在轨排基准位置，根据精调标志组件与轨排基准位置的相对位置关系，利用精调标志组件模拟轨排空间位置，测量采集精调标志组件的空间位置，获取轨排空间状态，再利用轨排支持系统调整轨排空间位置达到设计位置。

（2）采用的轨排施工技术应满足轨排安装精度，因此轨排支撑架设置部位应保证支撑架间距内的轨排纵向出现的挠度符合轨排平顺性的要求，以保证相邻轨排平顺搭接。

（3）测量待调轨排上的精调标志组件的三维坐标，利用测量精调软件对实测值与设计值较差，分析轨排在纵横竖方向上的调整值，通过调整支撑系统达到轨排精调的目的。

（4）每一设站测量距离应在本站设站控制点范围内及满足测设精度的距离内。线路方向相邻控制点的间距一般为 25～50m，根据设站精度和仪器配置精度，确定全站仪距待调轨排的距离应在 5～60m 范围内，标准轨排长度为 12.5m，每一测站精调的轨排不应多于 3 榀，为了保证轨道平顺性，换站后应对上一测站的最后一榀轨排进行检测。

（5）轨排安装的几何精度根据本规范表 11.1.6 的规定，轨道横向竖向线性满足

1.5mm/4m 和 3mm/10m，轨道接缝竖横向允许偏差控制在 ±1mm 范围内，因此轨排定位限差横向、纵向和竖向均不应超过 ±2mm，相邻轨排搭接横向和竖向较差不应超过 ±1mm，相邻轨排纵向轨缝误差不应超过 ±2mm。

11.2.8 轨排精调完成后应复核轨排线形，几何精度应符合本规范表 11.1.6 的规定。

条文说明

轨排精调完成后，轨排空间位置达到设计要求，再检验轨道的平顺性是否满足要求，满足要求后进行承轨台施工。

11.3 道岔安装测量

11.3.1 道岔安装前应采用轨排控制网（CF Ⅲ）进行磁浮道岔安装预埋件的位置测控，并检测道岔梁的平顺性。

条文说明

为了满足道岔区间与线路相互衔接，道岔安装与轨排精调都以轨排控制网 CF Ⅲ为基准。

11.3.2 道岔设备安装测量宜一次测设完成，并复核道岔间相互位置。道岔两端应预留不少于 3 榀轨排作为道岔与区间轨排衔接测量的调整距离。

11.3.3 道岔安装测量应符合下列规定：

1 道岔基础平台位置放样：尺寸偏差为 ±20mm，高程偏差为 ±10mm。

2 支撑脚位置放样及安装：根据道岔基础设计图纸，测定支撑脚位置并与墩台钢筋笼进行焊接固定后浇筑混凝土。支撑脚安装位置偏差为 ±20mm，垂直度偏差为 ±1°，调节支撑脚螺栓顶部高程在同一平面内，高程允许偏差为 −2 ~ +1mm。

3 道岔基础板放样及安装精度应满足表 11.3.3-1 的要求。

表 11.3.3-1 道岔基础板放样及安装精度要求

项目		检查内容	允许偏差（mm）
道岔基础板安装	中心线距离偏差（纵向）	分别测量各台车基础板与第一固定端回转中心距离	±3
		分别测量驱动基础板与第一固定端回转中心距离	±3
		分别测量台车连杆回转中心与第一固定端回转中心距离	±1
		测量固定端垛梁和活动端垛梁底板距离	±5
	中心线距离偏差（横向）	分别测量各基础板基准线与道岔纵向中心线距离偏差	±1
	高度偏差	分别测量各基础板的高度	[0 −3]
	基础板平整度	分别在各基础板边、中心线上测量相对高低差	≤3

4　道岔精调测量：道岔精调应先进行道岔主线再进行道岔侧线精调。道岔精调以CF Ⅲ点为基准，采用自由设站对放置在F型导轨面上的精调标志组件进行测量，道岔安装精调应满足表11.3.3-2的要求。

表11.3.3-2　道岔F型导轨安装及转辙距精度要求

项　目		检查内容	允许偏差	检验方法	简　图
线路检测	高程检测	轨枕上顶面	±1mm	水准仪	—
	里程检测	道岔控制点（岔心点、岔前点、岔后点）	±3mm	全站仪	—
轨道检测	F型导轨总长度 L_2 检测	测量道岔梁上F型导轨两端面距离	±5mm	钢卷尺测量	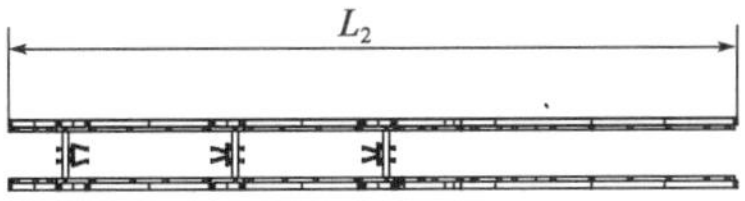 L_2
	F型导轨磁极面平面度检测	测量F型导轨磁极面	0.6mm/4m，1.5mm/全长	水准仪、标尺相对高度检测法	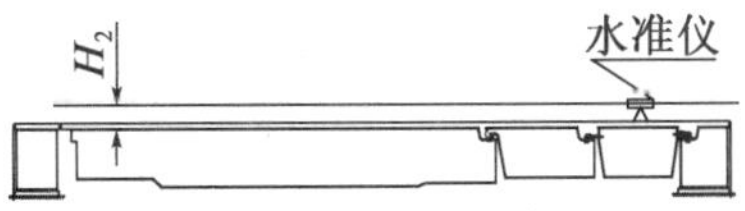 H_2 水准仪
	F型导轨磁极面侧面直线度 G 检测	F型导轨磁极面向上50mm处测量	1mm/3m，3mm/全长	F型导轨磁极面向上50mm处，两端钢丝与斜面等距拉线，钢板尺检测	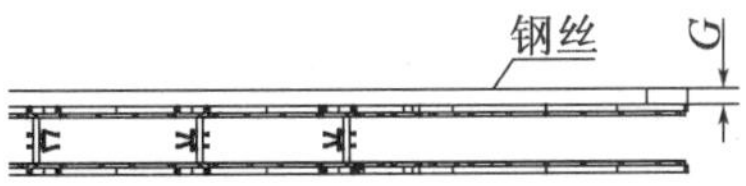 钢丝 G
	F型导轨连接板与两边F型导轨轨缝应均匀分布	两端轨缝	轨缝测量值之差不应大于2mm	钢板尺直读	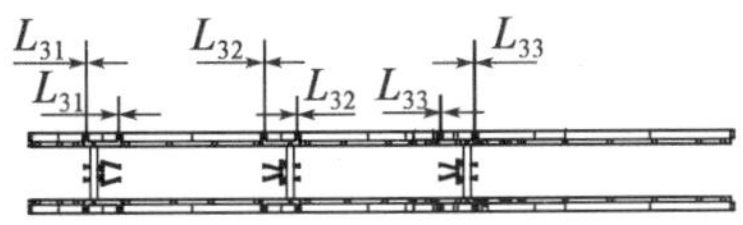 L_{31} L_{32} L_{33} L_{31} L_{32} L_{33}
	F型导轨磁极面接头高低差 H_3	F型导轨磁极面接头处	高低差不应大于0.5mm	用刀口尺搭在F型导轨磁极面的接头处，用塞尺检测缝隙的大小	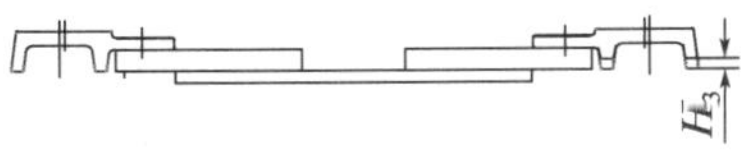 H_3
	F型导轨接头处的外侧线错位 f	F型导轨接头处的外侧线	侧线错位不应大于0.5mm	用刀口尺搭在F型导轨外侧线的接头处，用塞尺检测缝隙的大小	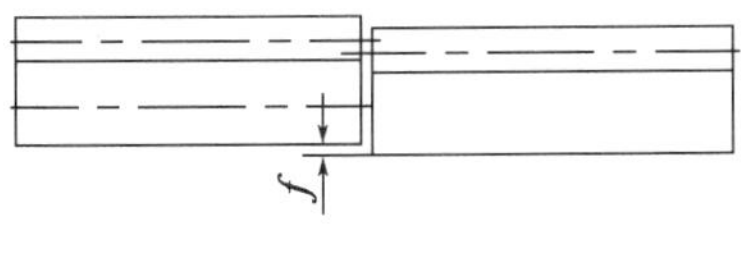 f
	F型导轨中心距检测	在F型导轨与安装板连接处及梁端检测 L_4	公差±1mm	专用量具	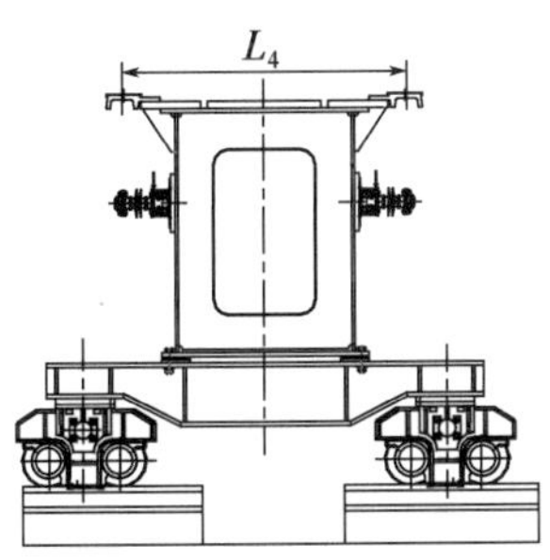 L_4

表 11.3.3-2（续）

项目		检查内容	允许偏差	检验方法	简图
道岔转辙精度	转辙距	道岔尾端转辙中心线到道岔基线的垂直距离 X	±2mm	全站仪检测	X X

条文说明

根据湖南省工程建设地方标准《中低速磁浮交通工程施工及验收标准》（DBJ 43/T201—2017）的要求制定。

11.3.4 道岔安装完后及时与前后连接的线路轨排联合进行平顺性复核检测，误差的调整应在前后相接的线路轨排上消除，精调后的道岔及轨排线形应符合本规范表 11.1.6 的规定。

条文说明

为了保证道岔区与相邻两侧轨排顺接满足轨道铺设衔接及精度要求，确保行车的平顺性，道岔安装完成后要与线路轨道联合进行轨道线形复核检测，检验两部位是否衔接平顺满足车体通行要求。

11.4 轨排、道岔检测

11.4.1 承轨台浇筑完成后应及时对轨排及道岔的平顺性进行复核检测，几何状态应满足本规范表 11.1.6 的规定。

条文说明

承轨台浇筑完成后，对独立精调完锁定后的多榀连续轨排整体进行轨排线形复核检测，检验轨排几何状态是否符合本规范表 11.1.6 的规定。

11.4.2 线形检测时，应按如下规定执行：

1 采用全站仪依据轨排控制网自由设站方法，设站精度满足本规范第 11.2.6 条规定后，利用单个精调标志组件测量轨排几何状态数据。

2 轨排几何状态测量步长为轨排一个扣件间距。更换测站后，应重复测量上一测站测量的最后一榀轨排。

3 每一设站最大测量距离不应大于 60m。

4 轨排检测内容包括轨面高程、测点坐标，以及轨排的轨向、水平和高低。

条文说明

轨道线形检测的方法与轨排精调方法相同，依据轨排控制网 CF Ⅲ，采用全站仪自由设站方法，利用单个精调标志组件采集承轨台处的轨排空间位置，模拟轨排线形状态。

12 施工期变形监测

12.1 一般规定

12.1.1 中低速磁浮交通工程在施工阶段应根据设计要求和建设工程及其环境特点，对工程结构自身及其周边环境进行变形监测。

条文说明

中低速磁浮交通工程一般建设在城区或郊区，地质条件及周边环境较为复杂，施工场地相对狭小，因此工程施工和运营阶段开展自身结构、周围岩土体以及沿线周边环境的监测工作对安全风险事件的预防预报和控制安全风险事故的发生具有十分重要的意义，同时，变形监测能为中低速磁浮交通工程的施工和运营提供依据，所以在工程施工和运营阶段，变形监测是十分有意义的工作。

12.1.2 中低速磁浮交通工程变形监测应编制工程结构和周边环境发生异常或危险时的应急监测方案。

条文说明

磁浮交通工程建设和运营阶段，要达到安全施工和运营环境稳定，需要满足的条件较多，因此制订变形监测方案应针对可能影响安全的突发事件制订应急监测方案。应急监测方案针对监测对象的受力或变形呈现出不符合一般规律或呈现出低于结构安全储备、可能发生破坏的情况制订。应结合累积变形量、变形速率、巡视记录综合分析判断，出现异常并有危险趋势，应启动应急监测方案。变形监测方案编制内容应包括工程概况、监测目的与内容、基准点与监测点的设置、监测方法、监测频率、组织机构和人员组成、信息汇总分析管理、风险评估、预警建议、应急预案、信息报送与反馈、提交成果等关键性内容。

12.1.3 变形监测应根据需要设置稳定可靠的基准点和工作基点，宜优先选用 CFⅠ、CFⅡ控制点以及线路水准基点。监测点应牢固地埋设在结构物变形的敏感部位，数量应能整体反映结构物变形状态，并兼顾运营期变形监测的需要。

条文说明

变形监测点的分类，是按照变形监测精度要求高的特点，以及标志的作用和要求不同确定的，本规范将其分为三种：

（1）基准点是变形监测的基准，点位具有较高的稳定性，应建立在变形影响区之外的稳定区域。

（2）工作基点是作为高程和平面坐标的传递点使用，在观测期间要求稳定不变。

（3）变形监测点，直接埋设在能反映监测体变形特征的部位或监测断面两侧。要求结构合理、设置牢固、外形美观、观测方便且不影响监测体的外观和使用。

12.1.4 监测频率应根据设计要求、施工方法、施工进度、监测对象特点、地质条件和周边环境综合确定。

条文说明

中低速磁浮交通工程线路施工通常划分为多个标段，各施工标段的施工单位、开工时间、工程进度均不同，变形监测工作应在施工和降水之前进行初始观测，应根据各个标段开工时间和可能引起变形的情况及时开展变形监测工作，以后的监测要根据工程进度和需要及时开展工作。监测频率的确定是监测工作的重要内容，与施工方法、施工进度、工程所处的地质条件、周边环境条件，以及监测对象和监测项目的自身特点等密切相关。监测频率应使监测信息及时、系统地反映施工工况及监测对象的动态变化，并宜采取定时监测。同时，监测频率与投入的监测工作量和监测费用有关，在确定监测频率时既要考虑不能错过监测对象的重要变化时刻，也应当合理布置工作量，控制监测费用，选择科学、合理的监测频率有利于监测工作的有效开展。工程监测是信息化施工的重要手段，监测频率在整个工程施工过程中要根据施工进度、施工工况及监测对象与施工作业面所处的位置关系进行不断调整，其基本要求应是监测频率能满足反映监测对象随施工进度（时间）的变化规律。工程监测采用定时监测的方法，可以反映相同时间间隔下，监测对象的变形、变化大小，以便于计算监测对象的变化速率，判断监测对象的变化快慢，及时关注短时内发生较大变化的现象，从累计变化量和变化速率两个方面评价监测对象的安全状态。在监测对象累计变化量、变化速率超过控制值或出现其他异常情况时，应提高监测频率，减小监测时间间隔；监测对象变形、变化趋于稳定时，可适当增大监测时间间隔，减小监测次数。

12.1.5 变形监测的等级划分和精度要求、主要技术要求分别符合表 12.1.5-1、表 12.1.5-2 的规定。

表 12.1.5-1　变形监测的等级划分和精度要求（mm）

监测等级	竖向位移监测精度要求		水平位移监测精度要求
	监测点的高程中误差	相邻监测点高差中误差	监测点的点位中误差
一等	0.3	0.1	1.5
二等	0.5	0.3	3.0
三等	1.0	0.5	6.0

注：变形监测点的高程中误差和点位中误差是相对最近变形监测基准点。

表 12.1.5-2　变形监测主要技术要求（mm）

等级	水平位移监测点的点位中误差	坐标较差或两次测量较差	高程中误差	相邻点高差中误差	往返较差、附合或环线高差闭合差
一等	1.5	±2	0.3	0.1	$\pm 0.15\sqrt{n}$
二等	3.0	±4	0.5	0.3	$\pm 0.30\sqrt{n}$
三等	6.0	±8	1.0	0.5	$\pm 0.60\sqrt{n}$

注：n 为测站数。

条文说明

变形监测的精度等级，是按变形监测点的水平位移点位中误差、垂直位移的高程中误差或相邻变形监测点的高差中误差的大小来划分的。它是根据我国变形监测的经验，并参考国外规范有关变形监测的内容确定的。其中，相邻点高差中误差指标，是为了适合一些只要求相对沉降量的监测项目而规定的。

磁浮交通工程变形监测分为三个精度等级，一等适用于高精度变形监测项目，二、三等适用于中等精度变形监测项目。变形监测的精度指标值，是综合了设计和相关施工规范已确定了的允许变形量的1/20 作为测量精度值，这样，在允许变形范围之内，可确保建（构）筑物安全使用，且每个周期的观测值能反映监测体的变形情况。

12.1.6　变形监测可采用精密工程测量、GNSS 测量、近景摄影测量、三维激光扫描、地基合成孔径雷达（SAR，Synthetic Aperture Radar）扫描测量、传感器测量、自动化监测等方法进行。

条文说明

常规大地测量方法的竖向位移监测主要有几何水准测量、全站仪三角高程测量、液体静力水准测量等方法；水平位移测量主要有小角法、投点法、视准线法、极坐标法、交会法等。根据现场条件和监测要求，也可采用 GNSS 测量、近景摄影测量、三维激光扫描、地基 SAR 扫描测量等方法。对应力应变等监测项目可采用物理传感器测量法。一些运营的高速公路、磁浮交通线路、封闭的监测场地等存在较大安全风险，监测人员不便进入，另外需要进行实时自动化监测的项目，传统的仪器监测方法难以实施或不能满足监测要求时，宜采用远程自动化监测方法。近景摄影测量、三维激光扫描测量和远程自动化监测方法和技术要求可参考相应技术标准或规范。

12.1.7 变形监测工作的实施，应按下列规定执行：

1 基准点、工作基点和监测点首期观测应连续独立进行两次测量。

2 不同期测量时，宜采用相同的观测网形或观测路线和观测方法，使用相同的测量仪器和设备，固定观测人员、基准点和工作基点，在基本相同的环境和观测条件下工作。

3 对同一监测对象地下、地面和上部都进行变形监测时，监测点宜设置在同一断面并同步进行监测工作。

4 观测记录应包括日期、时间、天气、温度、人员、设备、观测数据等信息外，还应包括对施工工况、荷载变化、岩土条件、气象等情况描述。

5 各周期观测前应对选用的基准点、工作基点进行检测，并进行稳定性分析。

6 对变形监测成果应进行综合分析，并应考虑气象条件、施工进度和外部环境等因素对变形监测成果的影响。

条文说明

根据变形观测的经验，由于测量精度要求高，对于不同期的变形测量，尽可能采用相同的观测网形、观测路线、观测方法、仪器设备，并在同等或相近的环境条件下观测，目的是为了将观测中的系统误差尽可能减到最小，提高观测精度，保证成果质量。同一监测对象不同高度的变形点产生位移变化可能不同，为全面了解和掌握观测对象的变形状态，应设置监测断面。观测记录要求包括对施工现状、荷载变化、岩土条件、气象等情况的简单描述，主要是考虑上述因素均是施工位移和变形的重要影响因素，记录这些因素有利于分析变形原因。定期对监测基准点、工作基点进行检测，是保证这些基准稳定可靠的重要工作，气象条件、施工进度和施工环境等也是造成变形体变形的重要因素。根据国内变形测量的实践经验，监测网由于自然条件的变化、人为破坏等原因，不可避免地存在部分点位发生变化的现象。为了验证监测网点的稳定性，应对其进行定期检测。检测时间间隔的长短，应根据点位稳定程度来确定。

12.1.8 采用的仪器应进行检定，并在检定有效期内；每周期观测前，对所使用的仪器和设备进行检验校正，并保留检验记录。

12.1.9 工程施工期间，应对施工工况、岩土变化、周边环境、监测设施等进行现场巡视和记录。现场巡视每天不宜少于一次，在关键工况、特殊天气等情况下应增加巡视次数。

条文说明

现场巡视是施工监测工作的重要组成部分。施工工况、岩土变化、周边环境、监测设施等检查项的变化，往往存在内在联系，完整详细的记录可为变形监测分析提供基础资料。现场巡视记录是现场测量仪器设备监测的最有效补充，两者结合，便于全面掌握监测点的变形状况，并做出正确的变形分析与判断。在施工期间，应根据施工进度合理安排巡视频率，做好巡视记录，发现异常情况时应立即报告。

12.1.10 监测项目、变形控制值及监测预警值应依据设计要求、工程实际和现行国家标准《城市轨道交通工程监测技术规范》（GB 50911）制定。

条文说明

中低速磁浮交通工程建设和运营会对工程结构和环境造成影响，变形体的累积变形量、变形速率等发生显著变化时，会存在安全风险，监测预警的目的是预防安全事故的发生，监测预警值的设定是判断工程安全状态的重要依据，因此应确定监测预警值。监测预警值的确定涉及岩土体条件、变形体的控制要求、所处地区经验等多方面因素，一般由中低速磁浮交通工程设计单位确定。监测预警值应由累积变形量与变形速率共同控制。监测预警值是按照监测变形控制值的百分比设置的，因全国各地岩土条件差异很大，具体到每一个工程设计和施工工法以及工程周边环境不同，故此未制定统一标准，很多城市依据累积变形量与变形速率双控指标结合现场巡视记录采用三级警戒制度，即黄色预警、橙色预警及红色预警来区分预警的严重程度并采取不同的响应措施。变形达到黄色预警指标时应采取相应技术措施加强监测；变形达到橙色预警指标时，启动应急变形监测方案，当沉降变形稳定后，方可继续施工；当变形达到红色预警指标时，应立即停止施工，并应重新评估施工方案的可行性，由产权单位组织专家论证，确定合理应对措施。

现行国家标准《城市轨道交通工程监测技术规范》（GB 50911）制定的监测预警等级分为三个级别，即黄色预警、橙色预警和红色预警，三级预警值设置方法如表 12.1.10所示。

表 12.1.10 监测预警分级及预警响应表

预警状态	预警条件	预警响应
黄色预警	双控要求均超过监测控制值的 70% 时，或双控要求之一超过监测控制值的 80% 时	增加监测频次并协助分析原因
橙色预警	双控要求均超过监测控制值的 80% 时，或双控要求之一超过监测控制值时	启动会商机制，增加监测频次并协助分析原因
红色预警	双控要求均超过监测控制值，或变化速率出现急剧增长时	启动应急预案，增加监测频次并协助分析原因

12.1.11 建设单位应组织相关单位对变形监测数据及结果进行评估。

12.2 变形监测基准网

12.2.1 变形监测基准网布设应符合下列规定：

1 基准点应选在施工影响范围之外的稳定可靠区域，应沿线路每隔1 000m左右布设一个竖向位移监测基准点，且数量不应少于3个；应沿线路每隔200m左右布设一个水平位移监测基准点，且数量不应少于4个。

2 工作基点应埋设在便于长期保护且与变形监测点通视的位置。

条文说明

变形监测基准网包含基准点和工作基点，点位应稳定可靠和通视。但是在变形监测工作中由于受到施工条件的影响，变形监测基准网的稳定及通视条件受到很多影响，为此采用分级布设基准点和工作基点的方法，以保证变形监测基准网稳定可靠和通视。基准点是监测工作的基准，要保证稳定可靠，因此选在施工影响范围之外的稳定可靠区域。工作基点要满足一定的稳定要求，需保证对大部分变形监测点观测的通视性，其稳定性通过与基准点的联测进行校核。

12.2.2 水平位移监测基准网的测量按符合下列规定：

1 基准网可采用边角网、GNSS网等方法建立，主要技术要求应符合表12.2.2的规定。

2 基准点宜采用强制对中装置，对中误差应小于0.5mm。

3 基准网宜与线路平面控制网进行联测。

4 采用GNSS测量时，应采用双频GNSS接收机进行观测。

表12.2.2 水平位移监测基准网技术要求

等级	相邻基准点点位中误差（mm）	平均边长（m）	测角中误差（″）	最弱边相对中误差	全站仪等级	水平方向观测测回数	距离观测测回数	
							往测	返测
一等	1.5	150	1.0	1/120 000	1″级	9	4	4
二等	3.0	150	1.8	1/70 000	1″级	6	3	3
					2″级	9	6	6
三等	6.0	150	2.5	1/40 000	1″级	4	2	2
					2″级	6	4	4

条文说明

导线网检核条件较少，常用于困难条件下低等级监测基准网的建立；边角网可满足各种精度的变形监测对基准网的要求；GNSS测量技术则越来越广泛地应用于监测基准网的布设，但在建筑密度较高或遮挡较多的区域受限较多。变形监测点的点位中误差是相对于临近基准点而言，基准点点位中误差是相对高一等级的控制点而言。

水平位移监测基准网测量的主要技术要求：

（1）相邻基准点的点位中误差，是制定相关技术指标的依据。理论上，监测基准网的精度采用高于或等于监测网的精度，但如果提高监测基准网点的精度，无疑会给高精度观测带来困难，加大工程成本。故采用相同的点位中误差系列数值。换句话说，监测基准网的点位精度和监测点的点位精度要求是相同的。

（2）关于水平方向观测测回数：由于变形监测网边长较短，目标成像清晰，加之采用强制对中装置，根据理论分析并结合工程测量部门长期的变形监测基准网的观测经验，参照现行国家标准《工程测量规范》（GB 50026）制定出相应等级的测回数。

12.2.3 竖向位移监测基准网的测量应按下列规定执行：

1 基准网可采用水准测量方法，并应布设成附合、环线或结点网。

2 基准点应埋设在变形区外的基岩露头上、密实的砂卵石层、原状土层中或稳固建（构）筑物的墙上。

3 监测基准网宜与线路水准基点控制网进行联测。

4 当采用水准测量时，技术要求应分别符合表12.2.3-1、表12.2.3-2的规定。

表12.2.3-1 竖向位移监测基准网技术要求（mm）

等级	相邻基准点的高差中误差	测站高差中误差	往返高差较差、附合或环线高差闭合差	检测已测测段高差较差
一等	0.3	0.07	$\pm0.15\sqrt{n}$	$\pm0.2\sqrt{n}$
二等	0.5	0.15	$\pm0.30\sqrt{n}$	$\pm0.4\sqrt{n}$
三等	1.0	0.30	$\pm0.60\sqrt{n}$	$\pm0.8\sqrt{n}$

注：n 为测站数。

表12.2.3-2 水准观测技术要求

等级	仪器型号	水准尺	视线长度（m）	前后视距差（m）	前后视距累计差（m）	视线离地面最低高度（m）	两次读数较差（mm）	两次所测高差较差（mm）
一等	DS05	因瓦	≤15	±0.3	±1.0	0.5	±0.3	±0.4
二等	DS05	因瓦	≤30	±0.5	±1.5	0.5	±0.3	±0.4
三等	DS1	因瓦	≤50	±2.0	±3.0	0.3	±0.5	±0.7

条文说明

竖向位移监测控制网的布设方法应根据工程特点、精度要求及客观条件来确定，采用几何水准测量方法应布设成附合、闭合或节点网，以保证基准点的精度和稳定；低等级的监测控制网且观测约束条件较多的情况下可采用三角高程测量方法，但应增加检核条件，以保证监测基准点的稳定性。相邻基准点的高差中误差是相邻基准点之间的误差关系。

关于竖向位移监测网的主要技术要求：

（1）相邻基准点的高差中误差，是制定相关技术指标的依据。

（2）测站高差中误差，经多年的工程实践证明是合理可行的，其保证了各级监测网的观测精度。

（3）取水准观测的往返测高差较差或环线闭合差为每站高差中误差的 $2\sqrt{n}$ 倍，取检测已测高差较差为每站高差中误差的 $2\sqrt{2n}$ 倍，作为各自的限值，其中 n 为站数。

12.3 变形监测

12.3.1 施工阶段变形监测应包括结构自身及周边环境监测。监测内容应根据支护结构和主体结构设计方案、周围岩土体及周边环境条件结合表 12.3.1 确定。

表 12.3.1 结构施工期间变形监测主要内容

监测对象	监测内容	主要监测仪器
支护结构	支护桩、边坡、围护墙、立柱结构等的竖向位移、水平位移、支撑轴力、锚杆拉力、地下水位监测	全站仪、水准仪、测斜仪、轴力计、应力计、水位计等
主体结构	低置结构路基及过渡段路基面、地基、承轨梁竖向位移和坡脚水平位移监测；高架结构墩（柱、台）竖向位移、倾斜、承轨梁梁体徐变；地下结构顶部及底部竖向位移和净空水平收敛监测；基坑底部隆起、地面沉降量和净空水平收敛监测等	全站仪、水准仪、收敛计、测斜仪等
周边环境	施工变形影响范围内的建（构）筑物、地表、管线变形监测等	全站仪、水准仪、测斜仪、位移计等

条文说明

中低速磁浮交通工程经过区域多为城区，地质条件及周边环境较复杂，施工安全风险大，涉及磁浮交通工程结构自身及周边环境监测内容众多，施工阶段变形监测工作是提高对安全风险事件的预防预报能力的重要手段，对控制磁浮交通工程施工的主要安全风险具有重要指导意义。

12.3.2 低置结构每榀承轨梁应在头、尾和中部均匀布设沉降监测点。路基及过渡段填筑完成或施加预压荷载后竖向位移监测时间不宜少于 6 个月，监测频率应符合表 12.3.2 的规定。

表 12.3.2　低置结构路基及过渡段竖向位移监测频率

监测阶段	监测期限	监测频率	备　注
路基填筑完成后	第1～3个月	1次/周	—
	第4～6个月	1次/2周	—
	6个月以后	1次/月	—
承轨梁施工完成后	第1个月	1次/2周	工后沉降长期观测至稳定
	第2～3个月	1次/月	
	3个月以后	1次/3月	

注：1. 路基填筑期间，沉降观测应根据设计要求执行。
2. 当两次连续观测的沉降差大于3mm时应加密监测频率；当出现沉降突变、地下水变化及降雨等外部环境变化时应增加监测频率。

条文说明

我国高速铁路线下工程沉降变形观测与评估积累了丰富的工作经验，行业标准《高速铁路设计规范》（TB 10621—2014）在总结国内外经验的基础上，规定了“路基填筑完成或施加预压荷载后沉降变形观测不应少于6个月，并宜经过一个雨季。个别情况采取可靠工程措施并经过论证可确保路基工后沉降满足轨道铺设要求时，路基放置条件可适当调整”。沉降变形观测断面间距应考虑线路工程结构形式、地形地质条件等情况。中低速磁浮交通工程基础结构主体工程完工后的监测频率参照现行行业标准《铁路工程沉降变形观测与评估技术规程》（Q/CR 9230）执行。

12.3.3　低置结构路基及过渡段工后沉降控制标准应符合表12.3.3的规定。

表 12.3.3　低置结构路基及过渡段工后沉降控制值

工后沉降	不均匀沉降	差异沉降错台	折　角
30mm	20mm/20m	2mm	1/1 000

条文说明

低置结构路基及过渡段对沉降变形，特别是不均匀沉降要求严格。一般局部的沉降应在轨排支座的可调整范围，大范围的均匀沉降应该满足线路竖曲线圆顺的要求。对于调高量为30mm的轨排支座，扣除施工误差+6mm和−4mm，仅有20mm可调整，再考虑列车运行时轨道结构需要预留5mm的变形，实际留给运营期间低置结构的允许沉降量仅为15mm，这是局部调整的极限。对于20m范围内的情况，根据德国的经验，允许沉降量为20mm；对于更大范围的均匀沉降，德国资料中允许剩余沉降量为轨排支座留给低置结构沉降的可调整范围的3倍，其规范规定为2倍，即30mm。对于低置结构路基与桥或隧等过渡段范围的沉降差异造成的折角，日本新干线板式轨道线路规定不大于1/1 000，德国高速铁路无砟轨道技术标准中规定不大于1/500，因此低置结构路基及过渡段宜将折角控制采用不大于1/1 000。表中各项控制值，根据中国铁建企业标准《中低速磁浮交通设计规范》（Q/CRCC 32803—2019）制定。

12.3.4 地下结构施工期变形监测对象包括结构自身及周边环境监测，监测内容应符合本规范表12.3.1的要求。地下结构的监测频率应根据变形速度和变形量变化关系及施工状况确定，按表12.3.4-1要求执行，基坑变形控制要求按表12.3.4-2执行。

表12.3.4-1 地下结构施工期变形监测频率

变形速度 V（mm/d）	监测点距工作面（盾尾）距离 S 与洞径 D 的关系	监测频率 F	
		结构自身	周边环境
$V>10$	$S<1D$	$F\geqslant2$ 次/1d	$F\geqslant2$ 次/1d
$5<V\leqslant10$	$1D\leqslant S<2D$	$F\geqslant1$ 次/1d	$F\geqslant1$ 次/1d
$1<V\leqslant5$	$2D\leqslant S<5D$	$F\geqslant1$ 次/2d	$F\geqslant1$ 次/2d
$V\leqslant1$	$S>5D$	$F\leqslant1$ 次/7d	$F\leqslant1$ 次/7d

注：当出现下列情况之一时，应适当提高监测频率：
1. 监测数据达到报警值。
2. 监测数据变化较大或速率加快。
3. 存在勘察未发现的不良地质。
4. 周边环境突发较大沉降或出现明显开裂。
5. 其他影响周边环境安全的异常情况。

表12.3.4-2 基坑变形控制要求

基坑等级	变形控制要求	周围环境条件
一级	1. 地面最大沉降量≤0.2%H； 2. 支护结构最大水平位移≤0.2%H且小于30mm	1. 基坑周边0.7H范围内有重要设施； 2. 基坑开挖深度$H\geqslant16$m，且在周边0.7H～1.0H范围内有重要设施； 3. 基坑开挖深度$H\geqslant20$m
二级	1. 地面最大沉降量≤0.3%H； 2. 支护结构最大水平位移≤0.4%H且小于50mm	1. 基坑周边1.0H～2.0H范围内有重要设施； 2. 基坑开挖深度16m≤H<20m
三级	1. 地面最大沉降量≤0.45%H； 2. 支护结构最大水平位移≤0.6%H且小于70mm	无特殊要求且基坑深度H<16m

条文说明

磁浮交通工程地下结构施工期变形监测参考现行国家标准《城市轨道交通工程监测技术规范》（GB 50911）执行，明确了不同工法施工的地下结构水平位移和竖向位移监测内容、断面和监测点布设要求、监测频率及有关事项。

12.3.5 地下结构仰拱（底板）及承轨梁施工完成后的竖向位移监测时间不宜少于3个月，监测频率应满足表12.3.5要求。

表 12.3.5　地下结构仰拱（底板）及承轨梁施工完成后的竖向位移监测频率

监测阶段	监测期限	监测频率	备　注
仰拱（底板）施工完成后	第 1 个月	1 次/周	—
	第 2～3 个月	1 次/2 周	—
	3 个月以后	1 次/月	—
承轨梁施工完成后	第 1～3 个月	1 次/月	工后沉降长期观测
	第 4～12 个月	1 次/3 月	
	12 个月以后	1 次/6 月	

条文说明

一般来说，地下结构基础的沉降较小，磁浮交通工程对轨道平顺性要求高，对沉降要求严格。地下结构基础工后沉降控制标准参照路基及过渡段工后沉降控制值。地下结构主体工程完工后的沉降变形监测频率按照现行行业标准《铁路工程沉降变形观测与评估技术规程》（Q/CR 9230）执行。

12.3.6　高架结构和基坑施工期变形监测对象包括结构自身及周边环境监测，监测内容应符合本规范表 12.3.1 的要求。监测频率应根据变形速度和变形量变化关系及施工状况确定，按表 12.3.6 要求执行。

表 12.3.6　高架结构和基坑施工期变形监测频率

变形速度 V（mm/d）	监测频率 F	
	结构自身	周边环境
$V>10$	$F\geqslant2$ 次/1d	$F\geqslant2$ 次/1d
$5<V\leqslant10$	$F\geqslant1$ 次/1d	$F\geqslant1$ 次/1d
$1<V\leqslant5$	$F\geqslant1$ 次/2d	$F\geqslant1$ 次/2d
$V\leqslant1$	$F\leqslant1$ 次/7d	$F\leqslant1$ 次/7d

注：当出现下列情况之一时，应适当提高监测频率：

1. 监测数据达到报警值。
2. 监测数据变化较大或速率加快。
3. 存在勘察未发现的不良地质。
4. 周边环境突发较大沉降或出现明显开裂。
5. 其他影响周边环境安全的异常情况。

条文说明

控制高架结构墩柱（台）基础的工后沉降量及相邻墩台工后沉降量差值，对确保中低速磁浮交通工程线路平顺性和行车安全很重要。在墩柱（台）施工完成至轨排铺设前要进行墩柱（台）基础沉降变形监测，并对工后沉降进行预测分析评估。地质条件不良地段的墩柱（台）基础沉降一般需要在梁体架设完工后 6～18 个月才能稳定，岩石地基等地质条件良好区段的墩柱（台）基础沉降量一般很小。因此规定一般情况下，在梁体架设（预应力混凝土梁）或现浇梁施工完成后进行为期不少于6个月的沉降变形监测；处于岩石地基的桥梁，规定在梁体架设（预应力混凝土梁）或现浇梁施工完成后进行为期不少于2个月的沉降变形监测，并依据沉降监测数据对工后沉降进行预测。一般情况下，每个墩柱（台）都要进行沉降变形监测。考虑到岩石地基、嵌岩桩基础相对稳定，沉降量小，结合我国已进行的类似工程沉降变形监测及评估经验，选择典型墩柱（台）进行监测即可。岩溶地区地质条件复杂，桥梁发生不均匀沉降的可能性较大，即使采用嵌岩桩基础，仍需要逐个墩柱（台）进行监测。高架结构主体工程完工后的沉降变形监测频率参照现行行业标准《铁路工程沉降变形观测与评估技术规程》（Q/CR 9230）执行。

12.3.7 高架结构主体工程完工后墩台竖向位移监测时间不宜少于6个月，监测频率应满足表12.3.7的要求。

表12.3.7 高架结构墩台竖向位移监测频率

监测阶段		监测期限	监测频率	备注
墩（台）施工到一定高度		—	1次	设置观测点
墩（台）身混凝土施工		全程	完成后1次	相应墩台
预制梁桥	架梁前	全程	1次/月	相应墩台
	预制梁架设	全程	架梁前后各1次	
现浇梁桥	制梁前	全程	1次/月	—
	上部结构施工中	全程	荷载变化前1次，荷载变化后前3天1次/d	—
承轨梁施工完工后		第1~3个月	1次/周	—
		第4~6个月	1次/2周	
		6个月以后	1次/月	
轨排施工期间		前后	1次	—
轨排施工完成后		第1个月	1次/2周	工后沉降长期观测
		第2~3个月	1次/月	
		3个月以后	1次/3月	

注：1. 观测墩台沉降时，应同时记录结构荷载状态、环境温度及天气日照情况。
2. 相应墩台为架梁引起荷载变化的墩台。

条文说明

高架结构轨道梁监测点布设、监测频率和徐变控制值参照现行行业标准《铁路工程沉降变形观测与评估技术规程》（Q/CR 9230）执行。在进行梁体徐变变形观测时，尽可能选取外界环境变化相对较小的时段进行，尽量保证不同期次测量时结构所处环境条件相差不大，以消除结构温度变形对监测结果的影响。同时还要记录测量时结构荷载状况、环境温度及天气、日照等，以便为评估分析提供可靠的参考资料。

12.3.8 高架结构桥梁墩台基础的沉降应按恒载计算，工后沉降量不应超过表12.3.8的规定。

表12.3.8 高架结构工后沉降控制值（mm）

沉降类型	限值
墩台均匀沉降	40
相邻墩台沉降量差值	10

注：超静定结构相邻墩台沉降量差值除应满足表中规定外，尚应根据沉降差对结构产生的附加应力的影响确定。

12.3.9 梁体徐变监测点布设、监测频率和徐变控制值应按设计要求执行。

条文说明

高架结构轨道梁竖向残余徐变控制值参照现行行业标准《铁路工程沉降变形观测与评估技术规程》（Q/CR 9230）执行。

12.3.10 周边环境监测应根据建（构）筑物、地表、管线等变形特点开展工作，并符合现行国家标准《城市轨道交通工程监测技术规范》（GB 50911）规定。

12.4 变形监测成果与信息反馈

12.4.1 中低速磁浮交通工程变形监测数据平差计算应采用专业的数据处理软件进行处理，并应符合下列规定：

1 平差计算前，先绘出平差网图，注明线路方向、高差和长度，检查各环线闭合差是否符合限差要求。用平差结果直接分析出起算点的兼容情况，弃用不兼容的起算点后再平差计算。

2 平差后得出每个待定点的高程和高程中误差及单位权中误差，分析成果中偶然误差和系统误差的影响程度，对水准网的观测质量做综合评定。

3 检算各项闭合差符合要求后，计算每千米高差偶然中误差和全中误差以及最弱点中误差、相邻点相对高差中误差。

4 各监测点高程中误差、观测所得沉降量的中误差等精度信息。用严密的整体平差方法求出各监测点的高程，并计算相对上一期和首期的沉降量。

条文说明

中低速磁浮交通工程变形监测数据应采用专业的数据处理软件及时进行计算、分析和整理工作，将现场实测资料转化为平差结果、图表、曲线等直观且易于反映工程安全状况的表现形式。

12.4.2 变形监测数据整理应符合下列规定：

1　每次监测工作结束后，应及时对监测数据进行检查、整理并填写报表，保证各项资料完整性。项目完成后，应对资料分类合并，整理装订。

2　应根据监测数据计算变形体的累计变化量、变形速率等，并绘制沉降变形过程曲线，必要时绘制等值线图等；并应根据施工工况、地质条件和环境情况分析检测数据的变化原因和规律，预测其发展趋势。

条文说明

变形监测工作完成后，各类监测成果应按统一格式要求完成编制，以便查阅人员可以及时、准确地获得重点关注的信息。监测记录手簿的内容应完整、齐全；平差计算过程及成果、图表和各种检验、分析资料应完整、清晰；使用的图式符号应规格统一、注记清楚。监测数据采集完成后应及时计算或换算监测对象的累计变化值和变化速率值，以分析判断监测对象的安全状态及发展变化趋势。监测数据的时间曲线可直观、形象地反映监测对象的位移或内力的发展变化趋势及过程，依此判断监测对象的安全状态和发展变化情况。因此，各类监测数据均应及时绘制成相应的时间曲线。监测断面曲线图、等值线图等可以反映监测断面或监测区域的整体变化，以及不同监测部位之间的相互联系及内在规律，对整体分析工程安全状态起着很好的作用。

12.4.3　监测信息反馈应符合下列规定：

1　应建立变形监测信息反馈及预警管理制度。

2　根据变形体变形程度和可能产生的安全隐患，应规范变形监测预警的等级以及不同等级监测信息的反馈对象、时间、方式、流程及分别采取的应对措施等。

3　管理部门对上报的各等级监测信息应及时处理。

条文说明

本条对监测信息的及时反馈及预警管理提出了要求。监测工作要严格执行监测信息反馈及预警管理制度，将监测成果准确、及时地反馈给建设、监理、设计、施工等相关单位，为工程动态设计和信息化施工提供可靠的数据支撑。

实际工程建设过程中，很多工程安全事故是由于预先发现或采取措施不及时造成的，由于工程安全隐患不能及时得到处理，致使其进一步导致安全事故，造成人员伤亡、经济损失和社会影响。工程监测工作特别需要重视监测信息的时效性，监测单位及时进行监测信息处理、分析和反馈工作，是保证工程自身及周边环境安全的重要基础工作。监测信息主要以监测报告的形式，辅助以其他形式（短信、电话等）进行反馈。根据监测时间阶段和监测结果报告的及时性分为日报、警情快报、阶段性报告和总结报告。各类监测报告均应以表格、图形等“形象化、直观化”的表达形式表示出监测对象的安全状态变化情况，以便于相关人员及专家的分析与判断。

12.4.4 变形监测工作完成后，应提交技术设计书和技术报告书，并应包括下列成果：

1 变形监测工程的平面位置图。

2 基准点、工作基点和监测点平面分布图。

3 标石、标志规格及埋设图。

4 仪器检验与校正资料。

5 平差计算、成果质量评定资料及成果表。

6 水平位移—时间曲线图、沉降—时间曲线图等。

7 变形分析成果资料。

12.4.5 根据委托方信息化施工和管理的要求，宜建立变形监测信息数据库、数据处理和监测信息管理平台，逐步实现监测数据采集、处理、分析、查询和管理一体化。

条文说明

随着科学技术的发展及实践经验的不断丰富，变形监测手段、监测数据处理方法等的自动化程度得到了很大提高。远程自动化监测系统、沉降变形数据信息化采集及实时上传系统、监测信息管理平台等解决方案应运而生。专业的监测信息管理软件将监测数据采集、实时处理、分析、可视化查询和管理工作融为一体，可以将监测成果及时、准确地反馈给工程参建各方，大大提高监测成果的准确性、时效性与一致性，为信息化施工提供了很好的技术支撑。

13 运营及养护维修测量

13.1 一般规定

中低速磁浮交通工程的发展处于初级阶段，我国目前只建成两条磁浮线路，分别为长沙磁浮 S1 线和北京磁浮 S1 线，并且由于两条线的运营及养护时间较短，还需要通过大量的工程实际问题及经验来完善运营及养护维修的测量规范。本规范主要根据长沙磁浮 S1 线 1 年多的运营维护的经验与需求编制，主要的维护工作重点暂放在 F 型导轨排的几何状态检测上。

13.1.1 中低速磁浮交通工程的运营及养护维修测量内容应包括各级控制网的复测、构筑物变形监测、轨排几何状态检测。

13.1.2 运营中的中低速磁浮交通工程应采用稳定的基准点对构筑物进行变形监测。

13.1.3 轨排几何状态检测前应对控制网进行复测。

13.2 控制网复测

13.2.1 控制网复测内容包括 CF 0、CF Ⅰ、CF Ⅱ、CF Ⅲ、线路水准基点。

13.2.2 平面控制网复测频次应满足下列要求：

1 第 1 ~ 3 年，每年应对 CF 0、CF Ⅰ、CF Ⅱ、CF Ⅲ复测一次。

2 根据前 3 年的稳定性情况确定 3 年后的复测频次，但不低于 3 年一次。

3 特殊地区、地面沉降地区或施工期间出现异常的地段，适当增加复测次数。

13.2.3 高程控制网复测频次应满足下列要求：

1 第 1 ~ 3 年，每年应对线路水准基点控制网、CF Ⅲ高程网复测一次。

2 根据前 3 年的稳定性情况确定 3 年后的复测频次，但不低于 3 年一次。

3 特殊地区、地面沉降地区或施工期间出现异常的地段，适当增加复测次数。

13.2.4 控制网复测方法、精度和稳定性分析指标应符合本规范第3章和第4章的相关规定。

13.3 运营期变形监测

13.3.1 运营阶段存在下列情况时，应对相关线路的建筑结构、轨排或周边环境进行变形监测：

1 施工阶段未稳定，需要继续进行观测的结构物。

2 不良地质条件的地区或地段。

3 城市地面沉降对线路影响大的地区或地段。

4 邻近线路两侧进行城市建设的地段。

5 其他工程与运营线路衔接、交叉、穿越的地段。

6 自然灾害或外力作用对线路产生较大影响的地段。

13.3.2 运营阶段变形监测方案编制应在收集施工阶段变形监测资料的基础上，结合自身施工或周边建设对线路结构的影响等因素制定。

13.3.3 根据运营期间构筑物的状态，变形监测内容包括沉降监测、水平位移监测、高墩倾斜监测和承轨梁结构挠度变形监测。

13.3.4 运营期间构筑物监测应尽量利用建设期间稳定可靠的基准点、工作基点和变形观测点。

13.3.5 运营期间监测应充分利用建设期间设置的变形监测点，并根据运营监测需要增设特征断面点。

条文说明

考虑到监测数据的连续性、变形可对比性和监测工作的经济性，应充分利用施工阶段的监测点开展延续项目的监测工作。监测基准点也应尽量利用施工阶段布设的基准点，当基准点的位置和数量不能满足现场观测要求时可重新埋设，其位置和数量要根据整条线路情况统筹考虑。线路结构变形监测中的监测点应埋设牢固并能反映监测对象变形状况，基准点或监测点被破坏时要及时恢复。

13.3.6 运营线路邻近施工活动开始前，应进行对磁浮交通结构影响程度的评估，制定针对性变形监测方案，必要时应进行自动化实时监测。

13.3.7 运营期构筑物变形监测的精度等级和技术要求应与建设期一致，监测精度和技术要求应满足本规范第 12.1.5 条的规定。

13.3.8 运营期构筑物变形监测的频次应满足以下要求：

1 低置结构地段：第一年宜每季度观测 1 次，一年后宜为 2 次/年。

2 高架结构地段：第一年宜每年观测 2 次，一年后宜为 1 次/年。

3 重点地段应根据构筑物变形的程度和变化速率确定重点段监测频次，条件许可时使用自动化监测手段。

13.4 轨排几何状态检测

13.4.1 轨排几何状态检测前应对轨排控制网（CF Ⅲ）进行复测，并以复测合格的轨排控制网成果为基准。

条文说明

复测合格后的轨排控制网（CF Ⅲ），是线上运营和养护维修的基准。轨排几何状态检测宜以 CF Ⅲ控制网为基准，展开相关的检测与数据分析。如果由于后期安装的疏散平台，遮挡了 CF Ⅲ的复测，需要进行 CF Ⅲ控制网的改造或采取其他办法保证 CF Ⅲ控制网的完整性和准确性。

13.4.2 轨排几何状态测量内容应包括轨距、轨向、高低、水平，F 型导轨磁极面高程、感应板顶面高程及其平整度和轨排中线三维坐标。

条文说明

中低速磁浮轨排几何状态测量比轮轨的轨道几何状态测量的内容要多，也更为复杂，其内容应包括轨距、轨向、高低、水平，F 型导轨磁极面高程、感应板顶面高程及其平整度和轨排中线三维坐标。高铁的轨道检测小车发展成熟、技术先进，但不能用于轨排检测，需要根据轨排的特点研发相关轨排检测小车，便于轨排几何状态检测的规范化、标准化、常态化。

F 型导轨的磁极面高程检测利用结构光的方式进行测量比较方便快捷。感应板顶面高程及其平整度，对磁浮列车的运营安全影响较大，是运营阶段维护的重点工作之一；使用带有高精度惯性测量单元（IMU，Inertial Measurement Unit）的三维激光扫描检测车，可以对 F 型导轨的各个表面特征进行检测，从而达到检测轨排几何状态检测的目的。

13.4.3 轨排几何状态检测宜每隔一个轨枕间距测量一处。

13.4.4 F 型导轨磁极面高程测量应采用专门设计的装置进行，轨向、高低和轨排中线测点宜与建设期一致。

附录 A 控制点埋石图

A.1 各级控制点标志

A.1.1 线下各级平面、高程控制点标志材料宜采用不锈钢制作。不锈钢标志可采用直径为 20mm、长度为 20～30mm 的不锈钢材料，下部采用普通钢筋焊接而成。标志顶部正中刻画长 10mm、深度大于 0.5mm、宽度小于 0.5mm 的“十”字丝。

A.1.2 标志规格应符合图 A.1.2 的规定。

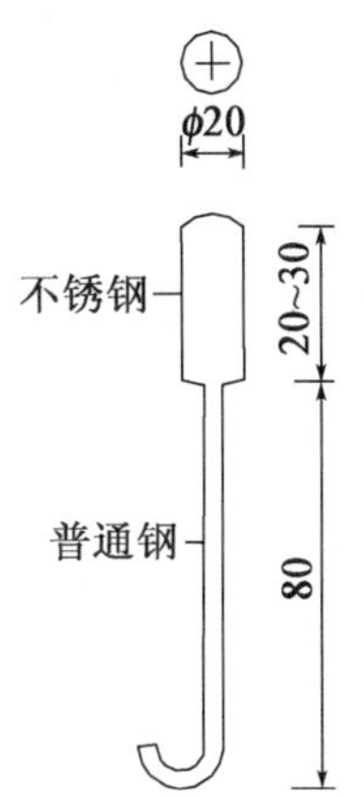

图 A.1.2 控制点标志（尺寸单位：mm）

A.2 平面控制点标石的埋设

A.2.1 建筑物顶上设置标石，标石应和建筑物顶面牢固连接。建筑物顶上各级平面控制点标石设置规格应符合图 A.2.1 的规定。

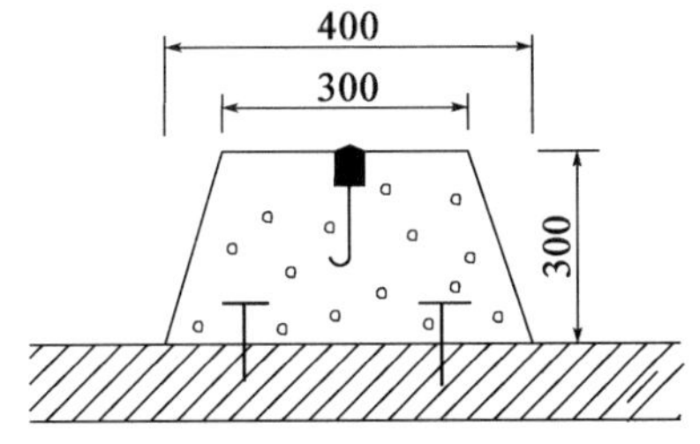

图 A.2.1 建筑物顶上各级平面控制点标石（尺寸单位：mm）

A.2.2 CF 0 及一等控制点标石埋设规格应符合图 A.2.2 的规定。

A.2.3 CF Ⅰ及二等平面控制点标石埋设规格应符合图 A.2.3 的规定。

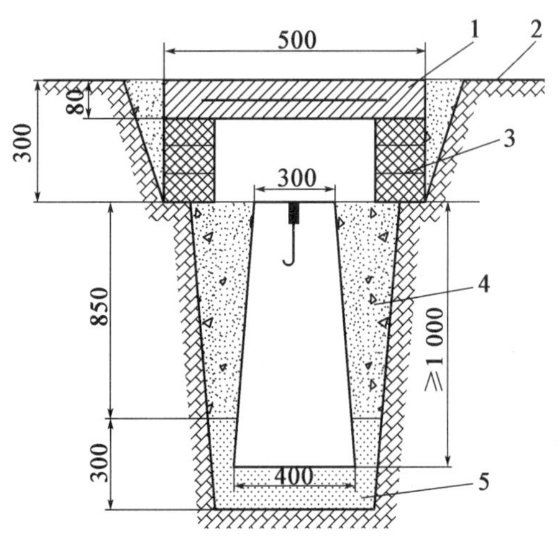

图 A.2.2　CF 0 及一等平面控制点标石埋设图
（尺寸单位：mm）
1-盖板；2-地面；3-保护井；4-素土；5-混凝土

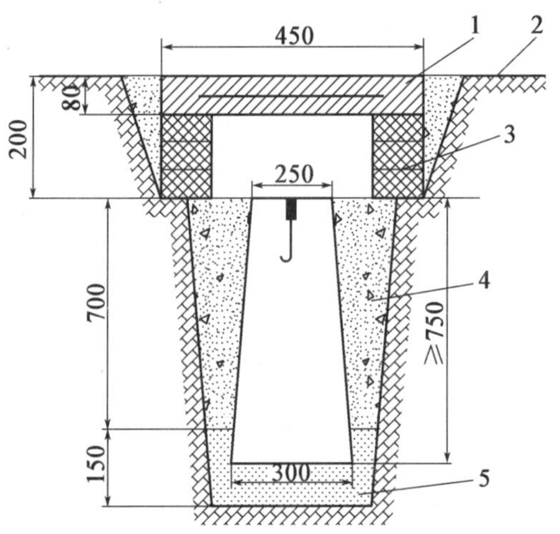

图 A.2.3　CF Ⅰ及二等平面控制点标石埋设图
（尺寸单位：mm）
1-盖板；2-地面；3-保护井；4-素土；5-混凝土

A.2.4 线下 CF Ⅱ及三等、四等平面控制点标石埋设规格应符合图 A.2.4 的规定。

A.2.5 五等及以下平面控制点标石埋设规格应符合图 A.2.5 规定。

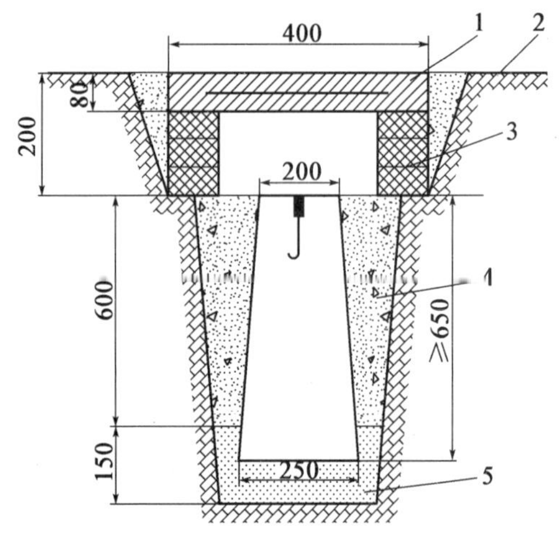

图 A.2.4　线下 CF Ⅱ及三等、四等平面控制点
标石埋设图（尺寸单位：mm）
1-盖板；2-地面；3-保护井；4-素土；5-混凝土

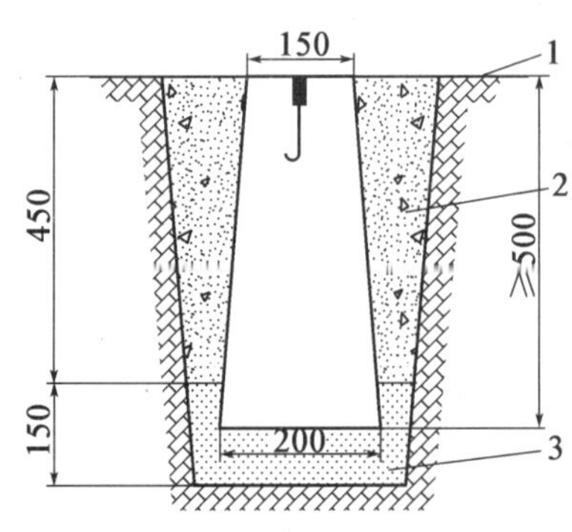

图 A.2.5　五等及以下平面控制点标石埋设图
（尺寸单位：mm）
1-地面；2-素土；3-混凝土

A.3　线上 CF Ⅱ控制点的埋设要求

A.3.1 元器件要求

1　中低速磁浮轨道交通工程线上 CF Ⅱ控制点的元器件应采用工厂精加工元器件（要求采用数控机床），用不易生锈及腐蚀的不锈钢材料制作，一般由固定的埋设标和

可以装卸的连接件组成。

2　线上 CF Ⅱ的测量标志应达到以下要求：具有强制对中、能在其上安置和整平 GNSS 天线，且能够长期保存、不变形、结构简单、安装方便。

3　任意测量标志在同一点重复安装的空间位置偏差应该小于 ±0.5mm，分解到 X、Y 方向的重复安装偏差不应大于 ±0.4mm，Z 方向的重复安装偏差不应大于 ±0.2mm。

4　线上 CF Ⅱ因与 CF Ⅲ点共点，因此应保证与 CF Ⅲ测点中心的一致性。测量、轨道施工、精调、轨道维护等各工序，应使用同一型号的标志。

CF Ⅱ控制点预埋件制作尺寸见图 A.3.1-1，CF Ⅱ控制点平面连接件制作尺寸见图 A.3.1-2。

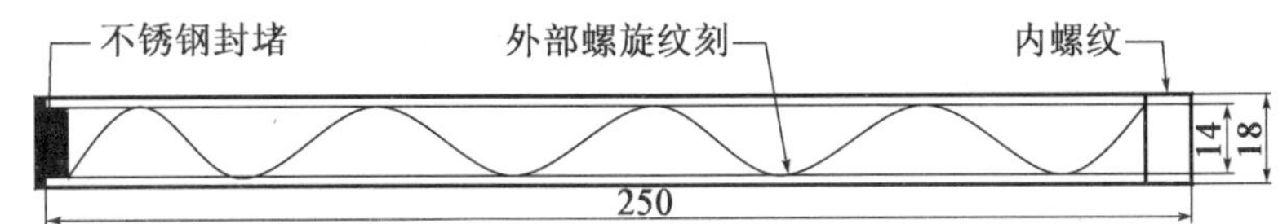

图 A.3.1-1　线上控制点预埋件制作尺寸参考图（尺寸单位：mm）

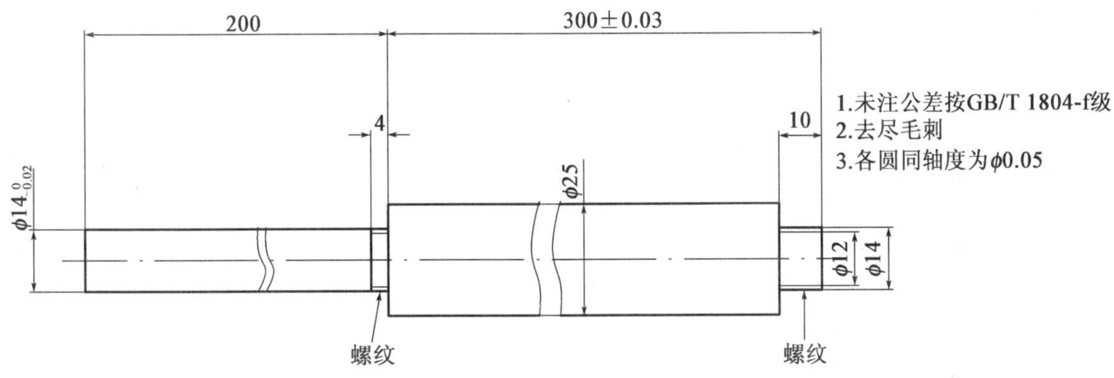

图 A.3.1-2　CF Ⅱ控制点平面连接件制作尺寸参考图（尺寸单位：mm）

A.3.2　线上 CF Ⅱ控制点埋设要求

线上 CF Ⅱ控制点一般 300～400m 一个，标志件垂直埋设在立柱内，立柱应避开连续梁、过渡段等不稳定地段，控制点标识要清晰、齐全、便于准确识别和使用。CF Ⅱ控制点及立柱埋设位置及断面图见图 A.3.2-1 和图 A.3.2-2。

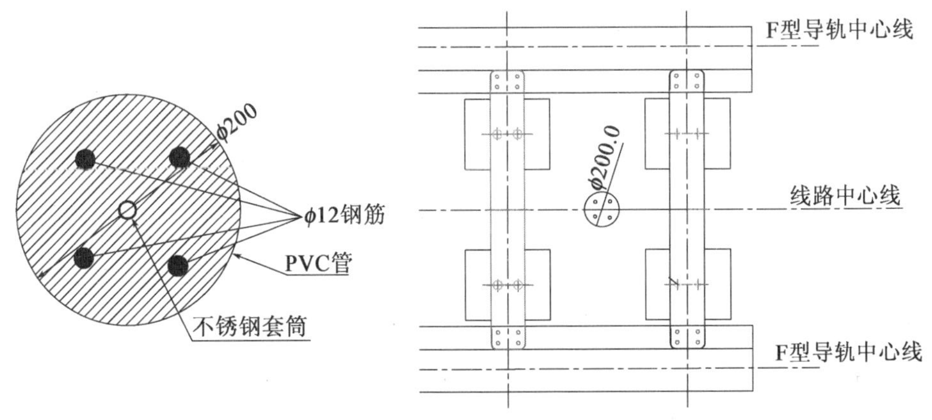

图 A.3.2-1　线上控制点及立柱埋设位置示意图（尺寸单位：mm）

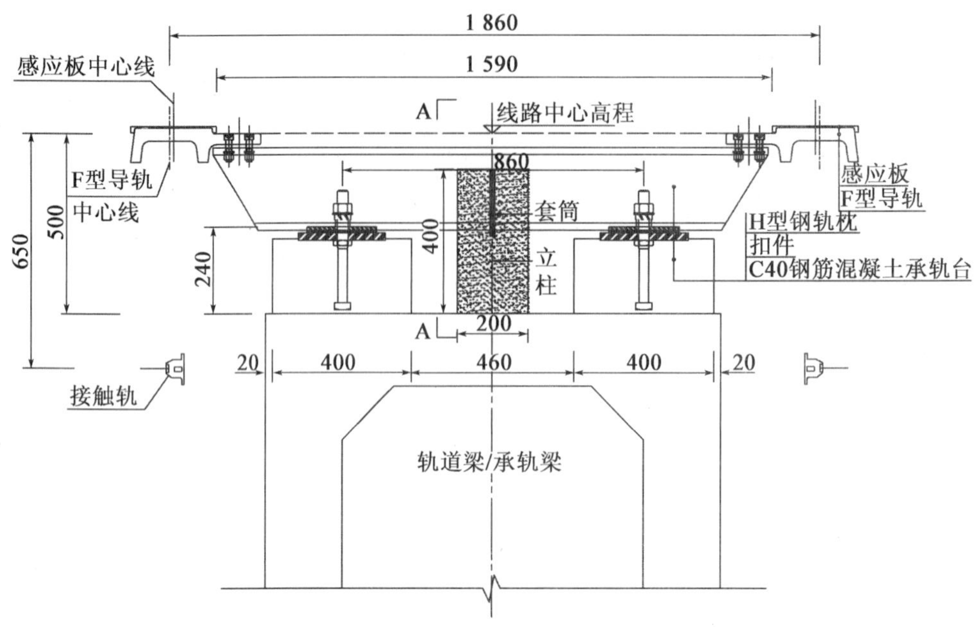

图 A. 3. 2-2　线上控制点及立柱埋设断面示意图（尺寸单位：mm）

A. 4　CF Ⅲ控制点的埋设要求

A. 4. 1　元器件要求

1　CF Ⅲ控制点的元器件应采用工厂精加工元器件（要求采用数控机床），用不易生锈及腐蚀的不锈钢材料制作，一般由固定的埋设标和可以装卸的平面、高程连接件组成。

2　CF Ⅲ控制点测量标志应达到以下要求：具有强制对中、能在其上安置棱镜和高程测量杆，且能够长期保存、不变形、结构简单、安装方便。

3　任意测量标志在同一点重复安装的空间位置偏差应该小于 ±0. 5mm，分解到 *X*、*Y* 方向的重复安装偏差不应大于 ±0. 4mm、*Z* 方向的重复安装偏差不应大于 ±0. 2mm。

4　因部分 CF Ⅲ与线上 CF Ⅱ共点的，因此应保证与 CF Ⅱ测点中心的一致性。测量、轨道施工、精调、轨道维护等各工序，应使用同一型号的标志。

CF Ⅲ控制点线上 CF Ⅱ控制点共点，预埋件制作尺寸见图 A. 3. 1-1，CF Ⅲ控制点棱镜连接件制作尺寸见图 A. 4. 1-1，CF Ⅲ控制点，高程连接件制作尺寸见图 A. 4. 1-2。

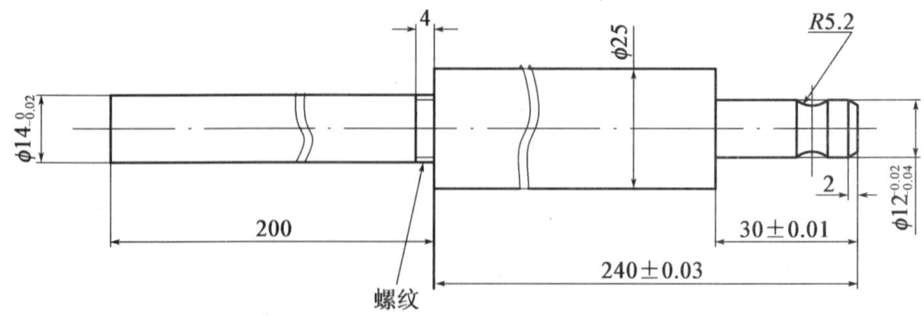

图 A. 4. 1-1　CF Ⅲ控制点棱镜连接件制作尺寸参考图（尺寸单位：mm）

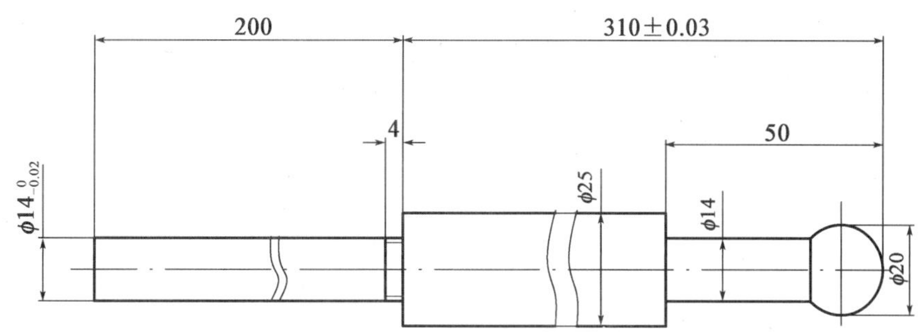

图 A. 4. 1-2 CF Ⅲ控制点高程连接件制作尺寸参考图（尺寸单位：mm）

A. 4. 2 立柱埋设要求

1 路基、车辆段等低置结构与桥相接处埋设于承轨梁近桥台端的端头，其他埋设于每节承轨梁中间部位。

2 桥梁简支梁段布置在桥梁固定支座端，连续梁每隔 25 ~ 50m 布设一对。

3 隧道内可参照低置结构在承轨梁上埋设立柱。

4 立柱埋设于两轨枕间，埋设前应在承轨梁或承轨梁上预埋或植筋 4 根（ϕ12），保证立柱与基础牢固连接；外套直径 200mm 的 PVC 管后浇筑混凝土，立柱高度低于轨面 10cm，将不锈钢套筒垂直放入，套筒高于混凝土面 1mm。

立柱埋设位置及断面图见图 A. 3. 2-1 和图 A. 3. 2-2。

A. 4. 3 埋设位置

1 低置结构 CF Ⅲ埋设位置示意图如图 A. 4. 3-1 所示。

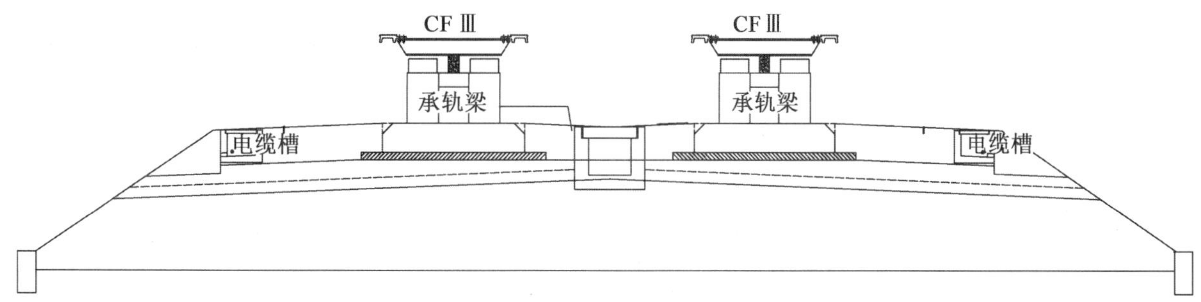

图 A. 4. 3-1 低置结构 CF Ⅲ埋设位置示意图

2 高架结构 CF Ⅲ埋设位置示意图见图 A. 3. 2-1 和图 A. 3. 2-2。

3 隧道内 CF Ⅲ控制点可参照低置结构布设在承轨梁顶面，也可布设于隧道双侧壁上，如图 A. 4. 3-2 所示。

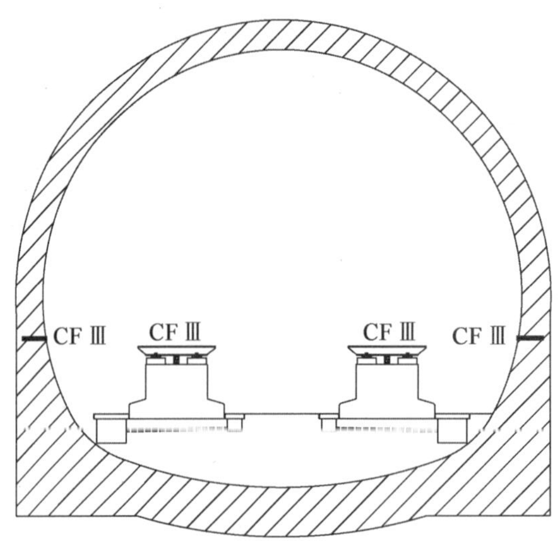

图 A. 4. 3-2　隧道内 CF Ⅲ埋设位置示意图

A. 4. 4　标识与编号

1　标识

CF Ⅲ控制点应在立柱上或旁边清晰、明显地设置点号标识。点号标识宜采用统一字模、字高为 50mm 的正楷字体；采用白色油漆抹底，蓝色油漆喷写点号或采用不易脱落的材料粘贴。点号标识规格为 300mm × 100mm，应注明 CF Ⅲ编号，如图 A. 4. 4 所示。

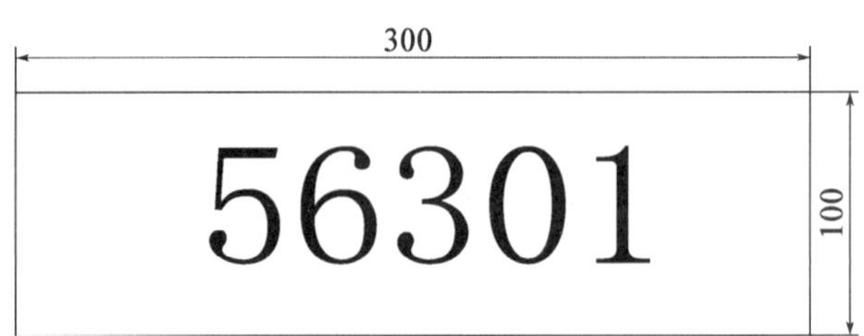

图 A. 4. 4　CF Ⅲ点标识示意图（尺寸单位：mm）

2　编号

CF Ⅲ控制点按照千米数递增进行编号，其编号反映里程数。位于线路里程增大方向左侧的 CF Ⅲ点编号为奇数，位于线路里程增大方向右侧的 CF Ⅲ点编号为偶数，在有长短链地段应注意编号不能重复，见表 A. 4. 4。

表 A. 4. 4　CF Ⅲ点名编号原则

点编号	含　义	在里程内点的位置
56301	表示线路里程 56 范围内线路里程增大方向左侧的 CF Ⅲ第 1 号点，“3” 代表 “CF Ⅲ”	（线路左侧）奇数 1、3、5、7、9、11 等
56302	表示线路里程 56 范围内线路里程增大方向右侧的 CF Ⅲ第 2 号点，“3” 代表 “CF Ⅲ”	（线路右侧）偶数 2、4、6、8、10、12 等

A.5 水准点标石的埋设

A.5.1 地面水准点标石埋设规格应符合图 A.5.1 的规定。

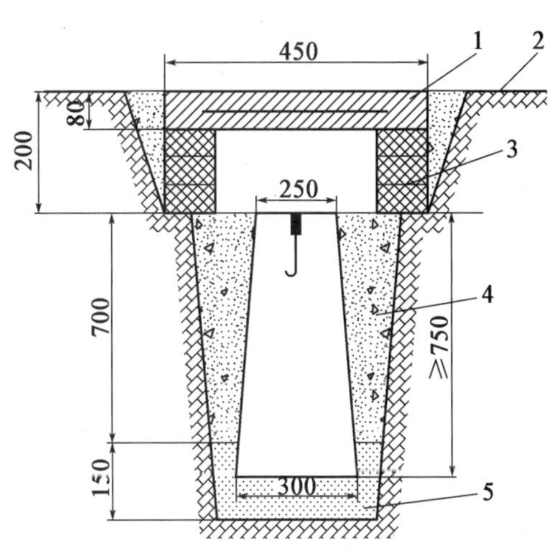

图 A.5.1 地面水准点标石埋设图（尺寸单位：mm）
1-盖板；2-地面；3-保护井；4-素土；5-混凝土

A.5.2 水准基点墙脚标石埋设规格应符合图 A.5.2 的规定。

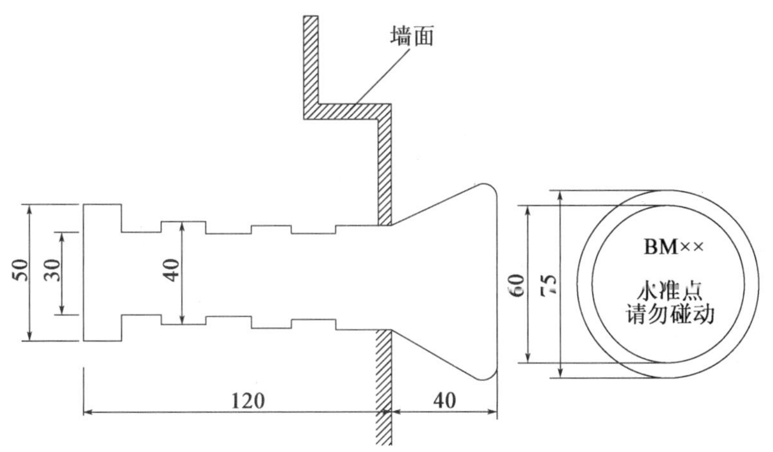

图 A.5.2 水准基点墙脚标石埋设图（尺寸单位：mm）

A.6 沉降变形观测点的埋设

运营阶段沉降监测地段的观测点布置应尽量采用建设过程中已有的沉降观测点，并根据需要增设。如果施工建设期间布设的结构变形观测点遭遇破坏或出现严重生锈等情况导致无法继续使用，则根据需要按原规格补埋新的观测标。

A.6.1 路基段路基面沉降监测点

沉降监测点采用 ϕ20mm 底端带弯头的钢筋，钢筋原长不小于 40cm，底部做成带弯钩状埋设示意图参照图 A. 6. 1-1，埋设位置参照图 A. 6. 1-2 执行。

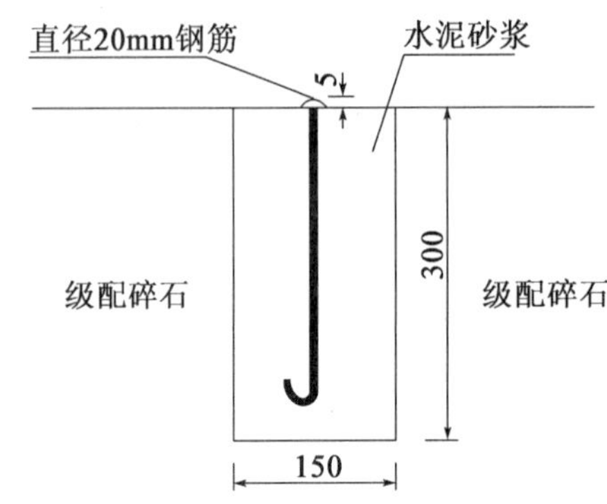

图 A. 6. 1-1　路基段沉降监测点埋设示意图（尺寸单位：mm）

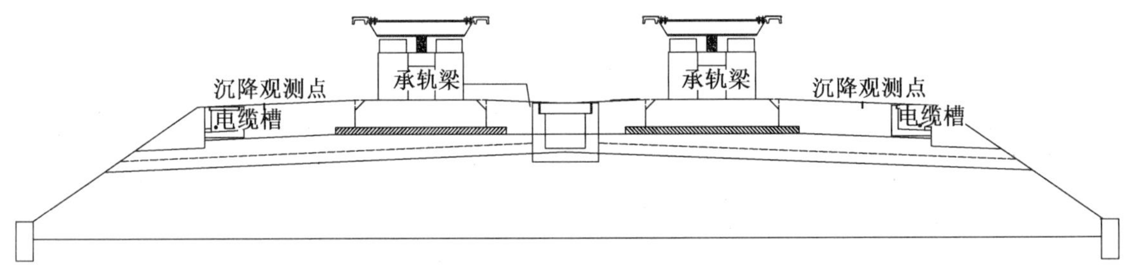

图 A. 6. 1-2　路基段沉降监测点埋设位置示意图

A. 6. 2　路基段承轨梁沉降监测点

路基段承轨梁沉降监测点采用不锈钢钢钉，直径不小于 ϕ10mm，植入承轨梁底板深度不小于 80mm，外露 3mm，埋设方法和埋设位置如图 A. 6. 2-1 ~ 图 A. 6. 2-3 所示。

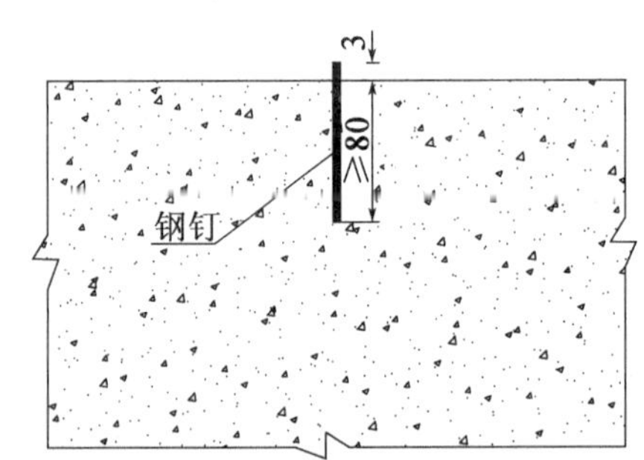

A. 6. 2-1　路基段承轨梁沉降监测点埋设示意图（尺寸单位：mm）

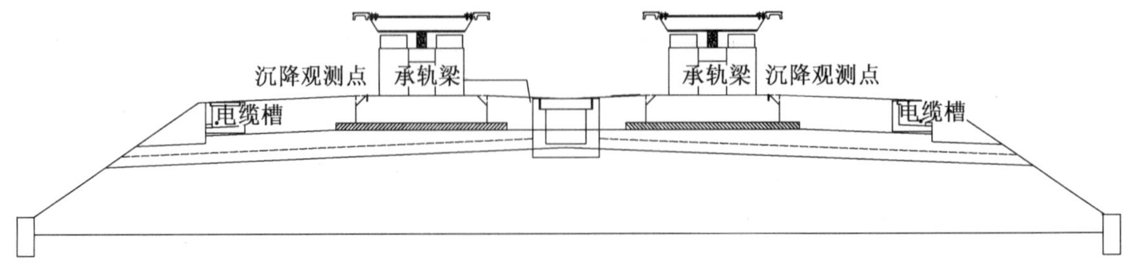

图 A. 6. 2-2　路基段承轨梁沉降监测点埋设位置示意图

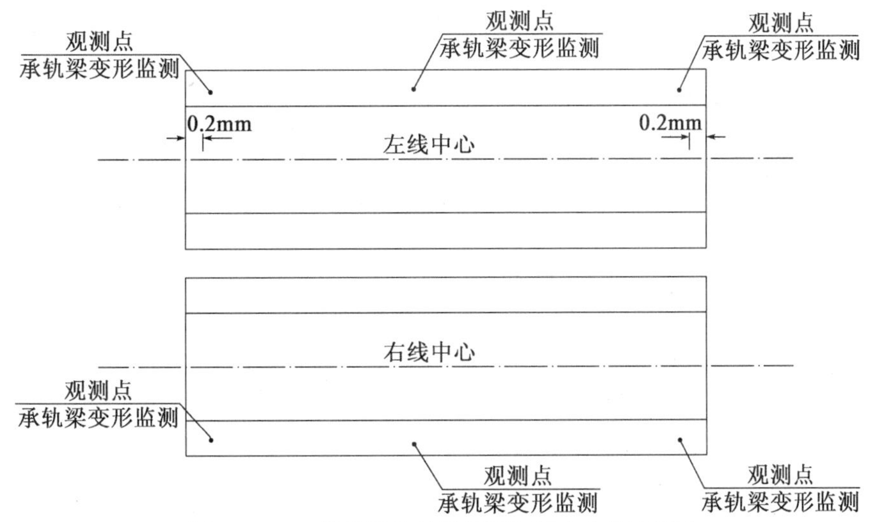

图 A. 6. 2-3　路基段承轨梁沉降监测点分布示意图

A. 6. 3　桥涵沉降监测点

桥墩沉降监测点可采用直径不小于 ϕ10mm 钢筋或不锈钢标志，埋设在桥墩上距离地面 0. 5m 左右，垂直于桥墩表面横向埋入，埋设示意图见图 A. 6. 3-1。

涵洞沉降观测点埋设于涵洞两端帽石上，埋设方法同图 A. 6. 2-1，埋设位置见图 A. 6. 3-2。

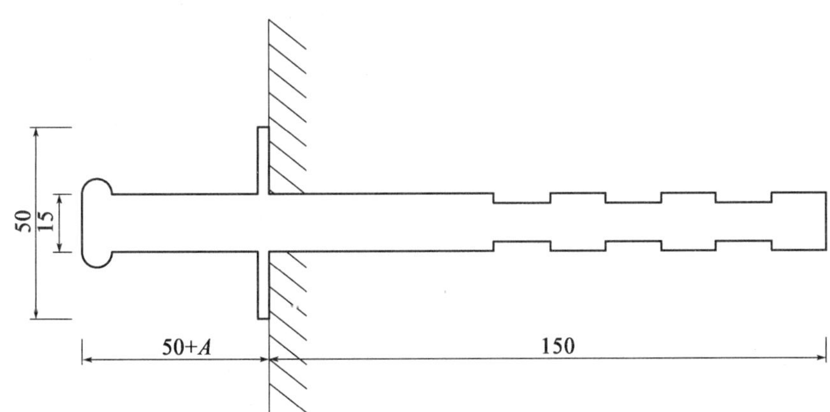

图 A. 6. 3-1　桥墩沉降监测点埋设示意图（尺寸单位：mm）

A-立尺范围内有凸出物时，另加突出长度

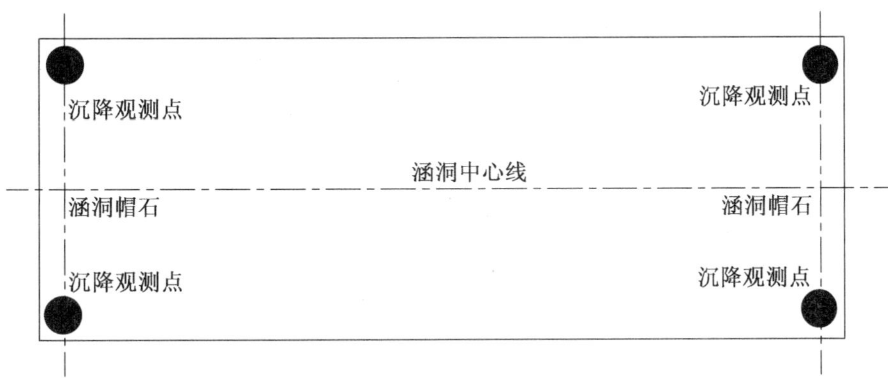

图 A. 6. 3-2　涵洞沉降监测点埋设示意图

附录 B　控制点点之记

×××控制点点之记

工程名称：×× 磁浮交通工程

点号		等级	
详细位置图		标石断面图	
点位详细说明		（点位近景图片）	
所在地及交通路线		（点位远景图片）	
标石类型		概略经纬度（WGS84 或 CGCS2000）	
选埋单位		*B* = ° ′ ″　*L* = ° ′ ″	
选埋者		选埋日期	
备注			

附录 C　地下结构 CF Ⅱ自由测站边角交会测量构网形式

C.0.1　地下结构 CF Ⅱ自由测站边角交会测量宜采用如图 C.0.1 所示的构网形式。除首尾两对地下结构 CF Ⅱ控制点有 3 个测站的方向和距离观测值，其余每个地下结构 CF Ⅱ控制点有 4 个测站的方向和距离观测值。

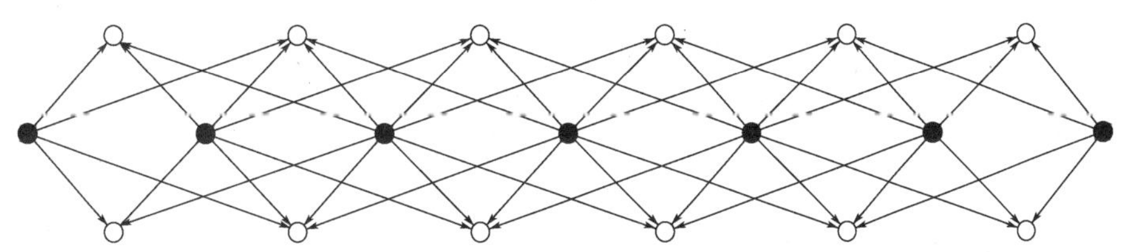

图 C.0.1　地下结构 CF Ⅱ自由测站边角交会测量构网图

C.0.2　在地下结构进出口处应至少各与 2 个地下结构外平面控制点联测，宜采用地下结构外平面控制点置镜 + 自由测站置镜观测地下结构外平面控制点的方式，其观测图形如图 C.0.2 所示。当地下结构施工控制点保存完好时，应与地下结构施工控制点联测。

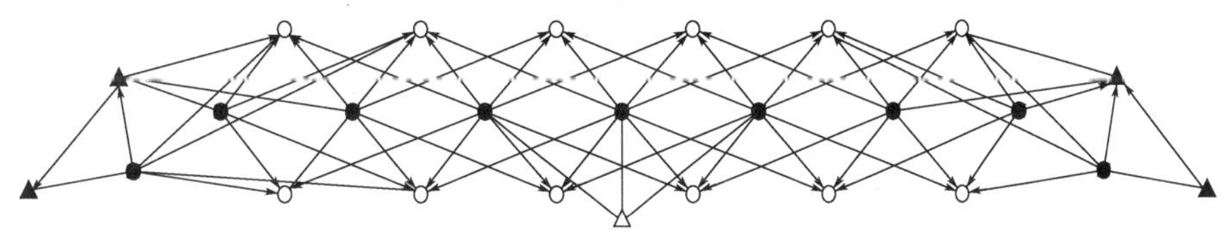

图 C.0.2　地下结构 CF Ⅱ自由测站边角交会测量联测示意图

附录 D　CF Ⅲ控制网平面测量构网形式

D. 0. 1　点对布设形式的 CF Ⅲ平面控制网宜采用图 D. 0. 1 所示的构网形式。平面观测测站间距应为 50m 左右，除首尾两对 CF Ⅲ控制点有 3 个测站的方向和距离观测值，其余每个 CF Ⅲ控制点有 4 个测站的方向和距离观测值。

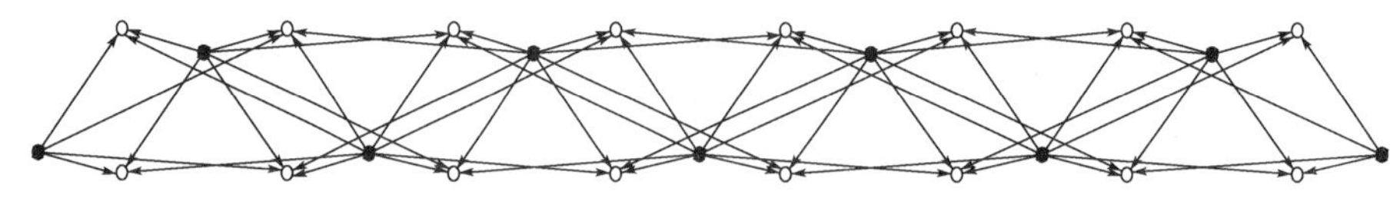

●自由测站点　○CF Ⅲ控制点　——→观测方向

图 D. 0. 1　点对形式 CF Ⅲ平面网观测网形示意图

D. 0. 2　单点布设形式的 CF Ⅲ平面控制网宜采用图 D. 0. 2 所示的构网形式。平面观测测站间距应为 50m 左右，除首尾两个 CF Ⅲ控制点有 3 个测站的方向和距离观测值，其余每个 CF Ⅲ控制点有 4 个测站的方向和距离观测值。

●自由测站点　○CF Ⅲ控制点　——→观测方向

图 D. 0. 2　单点布设形式 CF Ⅲ平面网观测网形示意图

附录 E　CF Ⅲ控制网自由测站三角高程测量构网形式

E. 0. 1　采用点对布设的 CF Ⅲ控制网，多个测站三角高程测量如图 E. 0. 1-1 所示，所形成的相邻 CF Ⅲ点间高差闭合环如图 E. 0. 1-2 所示。

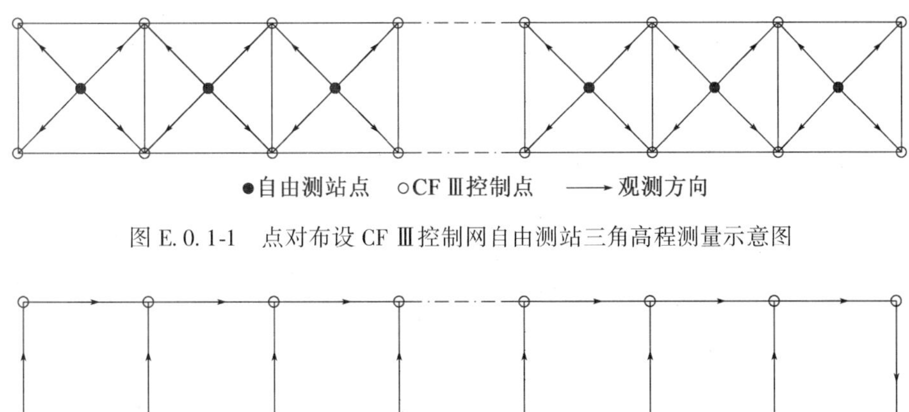

图 E. 0. 1-1　点对布设 CF Ⅲ控制网自由测站三角高程测量示意图

图 E. 0. 1-2　相邻 CF Ⅲ点间高差闭合环示意图

E. 0. 2　采用单点布设的 CF Ⅲ控制网，多个测站三角高程测量网形如图 E. 0. 2-1 所示，所形成的相邻 CF Ⅲ点间高差如图 E. 0. 2-2 所示。

图 E. 0. 2-1　单点布设 CF Ⅲ控制网自由测站三角高程测量示意图

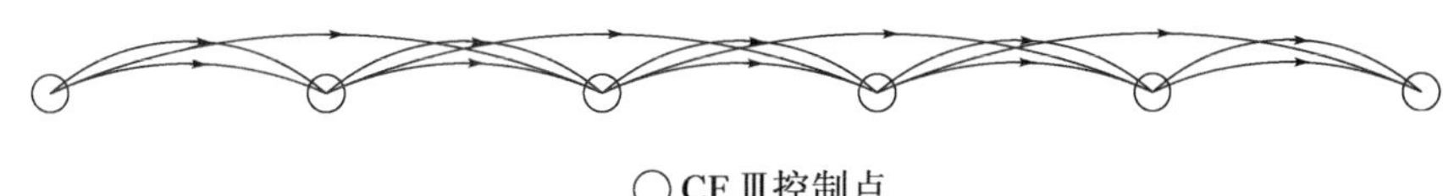

图 E. 0. 2-2　单点布设 CF Ⅲ控制网自由测站三角高程测量示意图

本规范用词说明

1　为便于在执行本规范条文时区别对待，对要求严格程度不同的用词说明如下：

1）表示很严格，非这样做不可的用词：

正面词采用“必须”，反面词采用“严禁”。

2）表示严格，在正常情况下均应这样做的词：

正面词采用“应”，反面词采用“不应”或“不得”。

3）表示允许稍有选择，在条件许可时首先应这样做的用词：

正面词采用“宜”，反面词采用“不宜”；

表示有选择，在一定条件下可以这样做的用词，采用“可”。

2　条文中指明应按其他有关标准、规范执行的写法为“应按……执行”或“应符合……的规定”。

引用标准名录

1　《铁路工程测量规范》（TB 10101）
2　《工程测量规范》（GB 50026）
3　《高速铁路工程测量规范》（TB 10601）
4　《全球定位系统（GPS）测量规范》（GB/T 18314）
5　《中、短程光电测距规范》（GB/T 16818）
6　《中低速磁浮交通设计规范》（CJJ/T 262）
7　《国家一、二等水准测量规范》（GB/T 12897）
8　《国家三、四等水准测量规范》（GB/T 12898）
9　《国家基本比例尺地图图式 第 1 部分：1∶500、1∶1 000、1∶2 000 地形图图式》（GB/T 20257.1）
10　《地理空间数据交换格式》（GB/T 17798）
11　《卫星定位城市测量技术标准》（CJJ/T 73）
12　《基础地理信息要素分类与代码》（GB/T 13923）
13　《低空数字航空摄影规范》（CH/Z 3005）
14　《基础地理信息数字产品元数据》（CH/T 1007）
15　《基础地理信息数字成果 1∶500、1∶1 000、1∶2 000 数字高程模型》（CH/T 9008.2）
16　《城市地下管线探测技术规程》（CJJ 61）
17　《城市轨道交通工程测量规范》（GB/T 50308）
18　《土地利用现状调查技术规程》
19　《地籍调查规程》（TD/T 1001）
20　《确定土地所有权和使用权的若干规定》〔（1995）国土（籍）字第 26 号〕
21　《新建铁路摄影测量规范》（TB 10050）
22　《长沙磁浮交通工程施工及验收暂行规定》（Q/HNCFCGS 002）
23　《中低速磁浮交通工程施工质量验收标准》（DBJ43/T 201）
24　《中低速磁浮交通设计规范》（Q/CRCC 32803）
25　《城市轨道交通工程监测技术规范》（GB 50911）
26　《铁路工程沉降变形观测与评估技术规程》（Q/CR 9230）

涉及专利和专有技术名录

1 国家专利

［1］中铁第四勘察设计院集团有限公司. 一种测量用强制对中杆套筒：中国，201521110284.6［P］. 2015-12-28.

［2］中铁第四勘察设计院集团有限公司. 一种 CP Ⅲ测量用强制对中杆：中国，20152112832.9［P］. 2016-06-01.

［3］中铁第四勘察设计院集团有限公司. 一种轨道梁上布设的测量控制点立柱：中国，201620388266.2［P］. 2016-09-28.

［4］中铁第四勘察设计院集团有限公司. 一种 CP Ⅲ平面网测量系统：中国，201620388744.X［P］. 2016-09-28.

［5］中铁第四勘察设计院集团有限公司. 一种加密 CP Ⅱ测量用强制对中杆：中国，201620388236.1［P］. 2016-10-05.

［6］中铁第四勘察设计院集团有限公司. 一种高程测量用强制对中杆：中国，201620388783.X［P］. 2016-10-05.

［7］中铁第四勘察设计院集团有限公司. 一种 CP Ⅲ平面网测量方法：中国，201610284887.0［P］. 2017-11-28.

［8］中铁第四勘察设计院集团有限公司. 一种 CP Ⅲ平面网测量方法：中国，201610284896.X［P］. 2017-12-22.

［9］中铁第四勘察设计院集团有限公司. 一种 CP Ⅲ平面网测量系统：中国，201610285270.0［P］. 2018-01-09.

2 软件著作权

［1］中铁第四勘察设计院集团有限公司. 铁路工程精密控制网测量数据处理系统 V3.0：中国，2010SR029435［P］. 2009-12-17.

［2］中铁第四勘察设计院集团有限公司. 基于安卓系统的 CPⅢ数据采集系统［简称：易测］V1.9.6：中国，2018SR431967［P］. 2018-06-08.

本文件的发布机构提请注意，声明符合本文件时，可能涉及相关专利的使用。

本文件的发布机构对于该专利的真实性、有效性和范围无任何立场。

该专利持有人已向本文件的发布机构保证，他愿意同任何申请人在合理且无歧视的条款和条件下，就专利授权许可进行谈判。该专利持有人的声明已在本文件的发布机构备案。相关信息可通过以下联系方式获得：

专利持有人姓名：中铁第四勘察设计院集团有限公司

地址：湖北省武汉市武昌区杨园和平大道745号

请注意除上述专利外本文件的某些内容仍可能涉及专利。本文件的发布机构不承担识别这些专利的责任。